사회과학 글쓰기

서울대학교 글쓰기교실 연구노트총서 03

사회과학 글쓰기

초판 1쇄 발행 2019년 9월 25일
초판 3쇄 발행 2024년 3월 10일

지은이 강원택

펴낸곳 서울대학교출판문화원
주소 08826 서울 관악구 관악로 1
도서주문 02-889-4424, 02-880-7995
홈페이지 www.snupress.com
페이스북 @snupress1947
인스타그램 @snupress
이메일 snubook@snu.ac.kr
출판등록 제15-3호

ISBN 978-89-521-2889-8 04800
978-89-521-2033-5 (세트)

서울대학교 글쓰기교실 연구노트총서 03

사회과학 글쓰기

강원택 지음

서울대학교출판문화원

내가 글을 쓰는 까닭은 밝혀내고 싶은 어떤 거짓이나,
주목하게 하고 싶은 어떤 사실이 있기 때문이다.
내 일차적 관심은 사람들이 내 글에 관심을 갖게 하는 것이다.
그러나 미학적인 경험과 무관한 글쓰기라면
나는 책을 쓰는 작업도, 그리고 잡지에 긴 글을 쓰는 일도
할 수 없을 것이다.

- 조지 오웰의 『나는 왜 쓰는가』 중에서

머리말

우리는 살아가면서 다양한 사회현상과 마주하게 된다. 그리고 사회에 속해서 살아가는 개인은 사회와 서로 영향을 주고받는다. 사회적으로 거대한 규모의 변혁이나 사건이 개인의 생각과 삶에 영향을 미치기도 하고, 개인의 결정이 사회적 변화에 영향을 미칠 수도 있다. 자연재해로 인한 사회적 충격이나 혁명과 같은 정치적 변혁, 산업혁명과 같은 경제 기반 변화가 개인에게 미치는 사회의 영향이라면, 자살 증가나 결혼 기피, 정당에 대한 불신 증대 등은 개인이 사회에 미치는 영향이다. 이런 상호관계 속에서 각 개인은 사회현상에 대해 공감, 희망, 좌절, 분노, 울분, 궁금증 등을 갖기 마련이다.

사회과학 글쓰기는 사회에서 일어나는 문제들에 대해 자신의 생각을 정리하는 일이라 할 수 있다. 그런 점에서 사회과학 글쓰기의 출발점은 조지 오웰(George Orwell)이 『나는 왜 쓰는가(Why I Write)』에서 말한 대로, 사회에 대한 관심이 될 것이다.

오늘날 사회의 각 부분은 점점 더 긴밀하게 얽혀 가고 있으며, 그에 따라 사람들 간의 관계도 더욱 복잡해지고 있다. 100년 전이라면 내가 살고 있는 마을과 지역의 문제가 일상적으로 관심을 가져야 할 대상의 대부분이었을지 모른다. 하지만 세계화와 정보화가 빠르게 진행되는 오늘날에는 훨씬 넓고 다양한 대상으로부터 우리의 삶이 영향을 받고 있다. 멀리 떨어진 남미나 유럽 끝에서 발생한 사건이라도 이제 우리는 그 영향에서 완전히 벗어나기 어려워진 것이다. 사회 변화 속도 역시 빨라지고 있다. 그런 만큼 우리가 관심을 가져야 할 사회현상의 범위가 넓어질 뿐 아니라 대상도 훨씬 다양해졌다. 이 책은 이처럼 복잡하고 다양한 사회현상을 주제로 글을 쓰고자 하는 학생들에게 도움을 주기 위해 기획되었다.[1]

사회과학 글쓰기는 사회과학이라는 학문의 특성을 이해하는 데서부터 시작해야 한다. 사회과학은 사회현상을 연구 대상으로 한다. 사회과학이 '과학'일 수 있는 것은 자연과학과 같은 엄격한 법칙은 아니더라도 일정한 경향성 또는 확

1 이 책은 서울대학교 글쓰기교실에서 출간한 2014년 판을 대폭 수정한 것이지만, 일부 내용은 이전 판에 기반해 있다. 기존 판 원고를 쓸 때 함께했던 당시 서울대학교 대학원의 오현주 양에게 감사의 말을 전한다.

률적 경향성을 갖기 때문이다. 따라서 사회과학 글쓰기 역시 객관성과 논리성을 갖춰야 한다. 즉 체계적이고 일관된 형태로 설명하기 위해서는 적절한 방법론과 논리적인 글의 구조가 중요하다.

한편 사회현상의 원인에 대해서는 다양한 관점에서 해석이 가능하다. 예컨대, '반정부 시위'라는 사회현상이 발생한 것을 두고 정부의 실정(失政)에서 원인을 찾을 수도 있고, 시위에 참여한 시민들 쪽에서 원인을 찾거나, 경제 격차 같은 구조적인 측면에서 원인을 찾을 수도 있다. 이처럼 시위라는 사회현상을 설명하는 데에도 여러 개의 경쟁적인 해석이 존재한다. 따라서 사회현상에 대해 글을 쓰기 위해서는 정보와 자료뿐 아니라 그 현상을 바라보는 통찰력 있는 시선이 중요하다. 다양한 해석이 가능하다는 것은 사회현상에 대한 기존의 설명을 대신할 만한 자신만의 독창적인 시선이 중요함을 말하는 것이기도 하다. 즉 사회과학 글쓰기에서는 비판적인 사고와 자신만의 고유한 시각을 갖추는 것이 가장 중요하다.

아무리 복잡해 보이는 사회현상이라도 그것을 대상으로 글을 쓰는 데 도움이 될 만한 참고자료를 찾는 것은 그리 어렵지 않다. 정보화 시대에 정보와 지식은 넘쳐 나며, 도서관에 가지 않더라도 컴퓨터 앞에서 클릭 몇 번으로 원하는 자료를 찾을 수 있다. 그러나 "구슬이 서 말이라도 꿰어야 보배"라는 속담처럼, 지식과 정보가 많다고 해서 반드시 좋은 글이 나오는 것은 아니다. 오히려 많은 정보로 인해 조리 있게 표현하기가 더 어려울 수도 있다. 따라서 적절한 구성을 통해 체계를 갖춰서 자신의 생각을 논리적으로 제시할 수 있어야 한다.

대학에서 과제로 보고서를 작성하면서 적지 않은 학생들이 글쓰기로 인해 어려움을 겪는다. 주제를 잡지 못해서 힘들어하거나, 넘치는 자료 속에서 방향을 잃어버리기도 하고, 자신의 생각을 체계적으로 표현하는 것을 힘들어하거나, 기존 해석에 의존한 나머지 자신만의 관점이나 주장을 내세우지 못하기도 한다. 이 때문에 학생들은 종종 글을 잘 쓸 수 있는 '비법'을 찾으려고 한다. 대학 입시를 위한 논술 교육에서는 특정한 형식과 틀, 혹은 표준화된 내용이나 방법을 알려줄지 모르지만, 단기간에 좋은 글쓰기를 가능하게 하는 '비법'이란 존재하지 않는다.

사회과학 글쓰기를 잘하기 위해서는 결국 사회과학 연구의 '기본으로 돌아가는 것(back to basics)'이 필요하다. 사회현상에 관심을 가지고 사회과학의 다양한 접근법과 주장을 학습해야 하는 것이다. 그런 점에서 글을 잘 쓰기 위해서는 사회를 바라보는 시각, 관심, 궁금증, 접근 방식 등이 중요하며, 누가 시켜서가 아니라 스스로 자주 써 봐야 한다.

좋은 글쓰기는 어느 학문 영역에서나 본질적으로 비슷

한 조건들을 필요로 한다. 그러나 사회과학이 갖는 학문적 특성이 있는 만큼 사회과학 글쓰기를 할 때 특히 염두에 두어야 할 점들을 이 책에서 하나씩 살펴보기로 한다. 이 책을 통해 독자들이 사회과학이라는 학문의 본질과 사회과학 글쓰기의 성격을 이해하고, 글쓰는 즐거움에 한 걸음 다가설 수 있었으면 하는 바람을 갖는다.

2019년 8월

강원택

차례

01

시작이 달라지는 글쓰기

1. 다르게 생각하라

사회과학 글쓰기를 시작하면서 특히 중요한 점은 기존 주장이나 이론과 다르게 생각해 보는 것이다. 머리말에서 이야기한 대로, 사회현상에 대한 해석에는 다양한 관점이 존재한다. 그런 점에서 사회과학에는 모두가 수용하는 '정답'이 없는 경우가 많다. 연구자마다 사회현상을 바라보는 관점이나 중요시하는 가치가 다르기 때문이다.

사형 제도를 예로 들어 생각해 보자. 어떤 사람들은 사회 질서를 위해서라고 해도 윤리적 관점에서 사람이 다른 사람을 죽이는 결정을 내릴 수 없다는 입장을 취할 수 있다. 똑같이 사형 제도에 반대하더라도 (위의 견해와 달리) 만에 하나라도 잘못된 판결로 무고한 사람의 생명을 빼앗는 일이 생길 수 있기 때문에 이를 폐지해야 한다는 입장을 취할 수 있다. 반면에 사회 질서 보장과 강력 범죄 예방, 재범 방지를 위해서 사형 제도가 존속되어야 한다는 주장도 가능하다. 이 가운데 어느 것도 '정답'이 아닌 것은 없다. 사회현상에 대한 해석이나 판단은 상대적이기 때문이다.

✎ '정답 콤플렉스' 극복하기

다르게 생각하거나 자기주장 내세우기를 주저하는 학생들이 적지 않다. 그 이유는 고등학교 때까지 '정답'을 찾는 수업 방식에 익숙해 있었기 때문이 아닐까 한다. 고등학교 과정에는 '정답'이 있는 교과서가 존재하며, 정답을 얼마나 많이 알고 있느냐가 평가의 기준이 된다.

학생들의 보고서나 시험 답안에서도 '정답'을 찾으려는 자세를 발견할 수 있다. 고등학교 시절 모범생이었던 학생이라면 수업 시간에 배우거나 교과서에 실린 내용을 숙지하는 데 더욱 익숙할 것이다. 그래서 '정답'이 없는 사안에 대해 스스로 고민하여 해결책을 찾아내도록 하면 힘들어하는 경우가 많다.

고등학교까지의 교육과정은 말하자면 우리 사회가 그 시점까지 축적된 '표준화된 지식'을 다음 세대에 알려주는 의미를 갖는다. 즉 사회적으로 인정되고 확립된 지식을 전수하기 위한 것이다. 이에 비해 대학에서의 교육은 새로운 것에 대한 창조, 즉 창의적 지식이 강조된다. 대학 교육에서는 다르게 생각하고 시도해 보지 않은 방식으로 접근하는 것을 요구한다. 다시 말해, 스스로 문제의식을 가지고 사회를 바라보는 시각을 키우며, 이를 토대로 문제 해결 방안을 찾아내는 것이 중요시된다. 대학에서의 연구는 스스로 생각하는 법을 통해 '표준화된 지식'에 익숙한 삶의 방식에 근본적인 변화를 만들어 낼 수 있다.

지구를 중심으로 천체의 모든 별과 태양이 공전(公轉)한다는 천동설이 '표준화된 지식'이었을 때가 있었다. 우주의 중심이 무엇인지를 묻는 질문에 대한 당시의 '정답'은 지구였을 것이다. 그러나 지구가 태양 주위를 돌고 있다는 지동설이 나오면서 천동설은 더 이상 '표준화된 지식'도, '정답'도 아니게 되었다. '코페르니쿠스적 혁명'으로 불리는 이런 새로운 지식의 창출은 기존 지식의 권위에 도전했기 때문에 가능했던 것이다.

이처럼 대학 교육과정에서는 기존 지식의 전수보다 새로운 사고를 바탕으로 새로운 지식을 창출하는 것이 중요하다. 사회과학은 자연과학이나 공학처럼 새로운 자연법칙을 발견하거나 기술 발명을 추구하는 학문은 아니다. 사회현상에 대한 새로운 해석, 사회현상의 원인에 대한 새로운 발견, 역사적 사건이나 현상에 대한 새로운 자료의 발굴이나 새로운 해석이 사회과학에서 할 수 있는 새로운 지식의 창출이다. 새로움을 찾기 위해서는 타인과 다르게 생각할 수 있어야 한다. 그리고 그와 같은 생각은 글쓰기에서 자신만의 고유한 관점으로 나타나게 된다.

사회과학 수업에서 과제로 보고서를 제출하게 하는 것은 강의 내용을 제대로 소화했는지 혹은 '정답'을 아는지 알아보기 위해서가 아니라, 학생 스스로 문제를 찾아내고 그 해결책에 대해 고민할 줄 아는지를 평가해 보고자 함이다. 주어진 과제에 '정답'이 없다면 결국 평가의 초점은 학생 스스로 사회현상과 관련된 문제에 대해 어떤 궁금증을 가지고 있고 그것을 어떻게 설명하느냐 하는 점이 될 것이다. 그런 점에서 '정답 콤플렉스'에서 벗어나지 못한 보고서는 좋은 평가를 받기 어렵다.

하지만 실제로는 새롭고 과감한 주장을 하기보다 기존의 논의나 연구에서 널리 알려진 내용을 토대로 보고서를 작성하는 경우가 많다. 기존의 통념을 버리기 위해서는 그만큼 노력이 필요하며, '상식'에 도전하려는 자세가 요청된다고 하겠다.

잘 알려진 이야기를 예로 들어 보자. 알래스카에 사는 에스키모인들에게 냉장고를 팔 수 있을까? 추운 지역에 사는 이들에게 음식을 차게 보관하는 냉장고는 절실하게 필요한 물건이 아닐 수 있다. 집 밖에 음식을 두면 저절로 냉동 보관이 될 것이기 때문이다. 그러나 달리 생각해 보면 이들도 음식을 가지러 추운 날씨에 밖에 나가기보다는 집 안에 놓인 냉장고를 이용하는 것이 더욱 편리하지 않을까? 한밤중이라면 더더욱 밖에 나가서 음식을 가져오기 귀찮을 것이고, 깜깜한 곳에서 물건을 찾거나, 밖에 있던 음식 재료를 먹기 전에 일일이 녹이는 것도 불편할 것이다. 따라서 한번 냉장고에 익숙해지면 에스키모인들도 집안에 냉장고를 두고 이용하려고 할 것이다. 이 예는 조금만 다른 각도에서 생각해 보면 기존 통념과는 다른 주장을 할 수 있음을 보여 준다.

✎ 인과관계 뒤집어 보기

'새로운 생각'이 반드시 '톡톡 튀는 기발한 생각'을 의미하는 것은 아니다. 다르게 생각하기란 완전히 새로운 생각을 하라는 의미가 아니라, 널리 알려진 접근법과 다르게 생각해 보라는 것이다. 그 한 가지 방법은 논리적 인과관계를 뒤집어 보는 것이다.

예를 들어 경제 발전을 이루어야 민주주의가 가능하다는 주장이 있다고 하자. 경제 발전을 이루면 교육 수준도 높아지고, 사람들 간에 접촉이나 이동도 많아지고 도시화도 진전되며, 또 하위 집단의 자율성도 커질 뿐만 아니라 정보 교류도 활발해지기 때문에 민주주의의 가치를 보다 쉽게 수용할 수 있게 된다. 이 때문에 경제 발전은 민주화에 대한 요구를 높인다는 주장이 그간 학계의 주류 이론이었다고 가정해 보자. 여기서 경제 발전은 독립변수이고 민주화는 종속변수가 된다.[1]

그러나 이를 다르게 생각해 볼 수도 있다. 독립변수와 종속변수의 논리관계를 뒤집어 보는 것이다. 즉 민주화가 진전되어야 경제 발전에 더욱 도움이 된다는 주장을 펴는 것이다. 이때는 민주화가 독립변수이고 경제 발전이 종속변수가 된다. 민주화가 이루어져서 권력과 경제의 유착관계가 약화되고 정책 결정이나 사회적 가치 배분에 대한 시민의 감시가 강화되면 경제 발전에 도움이 된다는 주장을 해 볼 수 있다. 이처럼 논리적 인과관계만 뒤집어 생각해 봐도 새로운 시각의 주장을 펼칠 수 있다.

또 다른 관점에서 경제 발전의 결과를 생각해 볼 수도 있다. 즉 경제 발전이 민주화로 이어지는 것이 아니라 오히려 권위주의 체제를 강화할 수 있다는 주장을 펴는 것이다. 경제 발전이 일시적으로 노동운동이나 시민사회를 활성화시킨다고 해도, 이들이 분배를 강하게 요구하고 경제적 통제에서 벗어나면 이해관계에 충돌이 생길 수 있기 때문이다. 그런 경우에 기득권을 가지고 있던 군부, 자본, 관료 집단이 서로 결탁하여 민주주의를 억압하는 권위주의 체제로 이어진다는 주장도 제기될 수 있다.[2] 이런 관점에서는 경제 발전이

1 Seymour Martin Lipset, *Political Man, The Social Bases of Politics*, Baltimore: The Johns Hopkins University Press, 1960.

2 Guillermo A. O'Donnell, *Modernization and Bureaucratic-*

민주화의 진전이 아니라, 반대로 권위주의 체제 수립으로 이어지게 된다. 이처럼 경제 발전과 민주화라는 두 변인만을 놓고도 다양한 시각에서 그 관계를 설명할 수 있다.

✎ 다른 변수의 중요성 강조하기

사회현상에 영향을 미친 주요 변수를 다르게 생각해 볼 수도 있다. 예컨대, 한국이 인터넷 강국이 된 것은 적절한 시기에 정부의 정책이 추진되었고, 이와 함께 우리 사회의 '빨리빨리 문화'가 고속 인터넷의 발전으로 이어졌다는 주장이 있다고 하자. 이는 나름대로 설득력 있는 주장일 수 있지만, 다른 변수의 중요성을 더 강조하여 다른 주장을 해 볼 수도 있다. 즉 한국이 인터넷 강국이 될 수 있었던 것은 아파트 중심의 주거 환경으로 인터넷과 관련된 인프라 구축이 상대적으로 쉬웠기 때문이라는 주장도 가능하다. 혹은 다른 나라에 비해 정부의 정책 결정과 집행이 신속했기 때문에 인터넷 강국이 될 수 있었다는 주장도 가능하다. 고속 인터넷의 빠른 발전이라는 사회현상에 대해서 이처럼 상이한 견해가 동시에 제시될 수 있다.

Authoritarianism: Studies in South American Politics, Berkeley: Institute of International Studies, University of California, 1973.

✎ 다른 관점에서 접근하기

여러분의 글이 기존에 제시된 주장과 같다면 다른 사람들이 그 글을 읽을 필요가 있을까? 기존 주장과 이론에 근거하여 사실상 동일한 논지를 제시한 글은 기존 주장의 복제품에 불과하다. 여러분의 글이 의미를 갖기 위해서는 기존 주장과 다른 새로움이 담겨 있어야 한다. 이와 관련하여 아래의 글을 예로 들어 살펴보자.

> 민주화 이후 한국 선거에서 지역주의는 언제나 중요한 변인으로 영향을 미쳐 왔다. [⋯] 그런데 선거에서 지역주의 투표 성향에 대한 기본적인 전제는 거주 지역보다 출신 지역이 중요하다는 것이다. 호남 출신 유권자라면 어디에 거주하든 호남을 대표하는 정당이나 정치인을 선택할 것이며, 영남 출신 유권자라면 역시 거주지와 무관하게 영남을 대표하는 정당이나 정치인에게 표를 준다는 것이다. 즉 현재의 거주 지역과 무관하게 출신 지역에 따라 지지하는 정당이나 지지 후보가 달라지고 이 때문에 출신 지역이 투표 성향을 결정하는 중요한 요인이 되어 온 것이다. 이러한 특성은 특히 전국이 하나의 지역구가 되어 선거가 실시되는 대통령 선거에서 잘 드러났다. [⋯] 그런데 만일 출신 지역에 따른 유대감으로부터 거주 지역에 대한 일체감으로 지역주의의 정체성이 변화해 갔다면,

외면상 유사한 결과가 나타난다고 해도, 지역주의 투표의 속성에 매우 중요한 변화가 생긴 것으로 봐야 할 것이다. 다시 말해 서울이나 수도권에 거주하는 어느 지역 출신 유권자의 정치적 판단 기준과 '고향'에 지금도 거주하는 유권자들의 정치적 관심사가 달라진다면 지금껏 우리가 목도해 온 지역주의 투표 행태와는 그 속성에서 매우 의미심장한 차이가 생겨나게 된 것이다.[3]

이 예시 글은 지역주의 투표에 대해 기존 주장과 다른 관점에서 접근하고 있다. 지역주의 투표에 대한 기존 연구가 대체로 특정 지역 출신 유권자가 선거에서 특정 정당이나 정치인에게 압도적인 지지를 보낸다는 데 머물러 있다면, 이 예시 글에서는 특정 지역 출신 유권자를 그 지역에 머물러 살고 있는 유권자와 그 지역을 떠나 외지(外地)에 살고 있는 유권자로 구분하고 있다. 그리고 같은 지역 출신이라고 해도 그 지역에 머물러 있는 이들과 외지에 거주하는 이들 간에 투표 선택에 차이가 생겼다면 그것은 지역주의 정치에 변화가 발생한 것이라고 주장한다. 이것은 지역주의 정치에 대한

3 강원택, 「지역주의는 변화했을까」, 이현우·권혁용 편, 『변화하는 한국 유권자 2: 패널조사를 통해 본 2007 대선』, 동아시아연구원, 2008, 69-70쪽.

기존 해석과는 명확히 구별되는 접근이다. 즉 지역주의 정치를 구성하는 하위 요소를 구분함으로써 새로운 해석을 시도한 것이다.

이처럼 사회과학 글쓰기에서는 기존 주장과 다른 관점에서 생각해 보는 것이 중요하다. 그러나 당연하게 여겨지는 '상식'에서 벗어나 다르게 생각해 보는 일은 생각만큼 쉽지 않다. 특히 '정답' 찾기를 중시하는 교육 시스템에 익숙할수록 확립된 기존 견해나 관행에 의문을 갖기란 쉽지 않다. 그러나 상식에 도전하려는 자세는 중요하다. 그래야만 새로움이 생겨날 수 있기 때문이다. 생활 속에서 문득 떠오르는 궁금증이나 의구심을 정리해 두거나 기록해 놓는 것도 '다르게 생각하기'의 좋은 방법이 될 수 있다. 다르게 생각할 줄 알아야 새로움을 만들어 낼 수 있다는 사실을 기억하자.

2. 발상 전환이 필요하다

학생들의 글쓰기 과제물은 소재나 글쓰기의 틀이 천편일률이어서 보고서를 검토하는 입장에서는 대부분의 글이 '거기서 거기'인 것처럼 느껴지곤 한다. 이렇게 생각이 기존 틀에서 벗어나지 못하는 것은 새롭게 생각하는 훈련이 충분하지 않거나, 자신만의 시각으로 보는 훈련이 부족하기 때문이다.

'뻔함'에서 벗어난 글을 쓰기 위해서는 발상 전환이 필요하다. 다음에 제시한 세 가지 사례를 통해 발상 전환의 중요성에 대해 생각해 보자.

첫 번째 사례는 한 회사의 입사 시험에서 있었던 일이다. 입사 논술 시험에서 글의 소재를 제시하고 지원자들로 하여금 글을 쓰게 했는데, 글의 소재로 '車' 한 글자만 덩그러니 주어졌다. 여러분이라면 어떻게 글을 풀어 나가겠는가?

지원자들 대부분이 자동차와 관련된 글을 썼다. 자동차 산업, 자동차와 운전 문화, 자동차와 환경 문제, 자동차 산업의 발전, 자동차 디자인 등에 대한 글이 대부분이었다. 일부 지원자들은 그 범위를 확대해서 자전거나 인력거 등 다른 교통수단과 관련하여 글을 풀어 나갔다.

그런데 한 지원자가 장기판의 말인 '차(車)'로 글을 시작해서 장기를 둘 때 가볍게 생각하기 쉬운 '졸(卒)' 역시 중요하며, 이와 같이 각각에게 주어진 기능과 역할이 조화를 이뤄야 좋은 사회가 된다는 내용으로 글을 풀어 나갔다. 채점 담당자는 비슷한 내용의 글이 반복되는 상황에서 그 글을 읽고는 눈이 번쩍 떠졌다고 했다. '車'라는 소재가 주어졌을 때 자동차가 아닌 다른 것을 떠올릴 수 있는 생각의 새로움을 무엇보다 높이 평가했고, 글이 어떻게 전개될지 흥미를 갖게 되었다는 것이다. 그 지원자는 당연히 좋은 점수를 받았고 합격했다.

두 번째로 살펴볼 사례는 글쓰기에 대한 것은 아니지만 발상 전환이 어떤 것인지 이해하는 데 도움을 줄 수 있다. 외국에서 미술을 전공한 지인에게서 들은 이야기이다. 그가 다니던 미술대학의 수업에서 작품을 만들어 오는 과제가 부여됐는데, 그때 주어진 소재는 '신발'이었다. 그는 벼룩시장 등에서 구한 값싼 중고 신발로 가운데에 호수가 있는 작은 마을을 만들었다. 작품 구상과 신발 선택에도 많은 공을 들였고, 여러 종류의 신발을 제각기 배열하고 색깔을 입히고 보조재를 더했더니 제법 만족스러운 작품이 만들어졌다고 생각한 그는 나름대로 매우 좋은 평가를 기대했다.

그런데 가장 높은 평가를 받은 작품은 뜻밖의 것이었다. 그 작품은 사각의 나무 틀 위에 산산조각 난 유리조각을 쌓아 올린 것이 전부였다. 그때 그 작품에 붙어 있는 제목이 눈에 들어왔다. '신데렐라의 깨어진 구두'. 그 제목을 본 순간 그는 망치로 머리를 한 대 맞은 느낌이었다고 했다. 그리고 자신의 생각이 여전히 높은 담으로 둘러싸여 거기서 벗어나지 못하고 있었음을 깨닫게 되었다고 했다. 발상 전환이 얼마나 중요하며, 그것이 얼마나 강렬한 인상을 주는지 절감한 것이다. 이 사례가 보여 준 발상 전환의 중요성은 사회과학 글쓰기에도 똑같이 적용될 수 있다.

세 번째 사례는 내가 직접 경험한 일이다. 학부 수업 시간에 학생들에게 최인훈이 쓴 소설 『광장』의 주인공 이명준과

재독(在獨) 사회학자 송두율(宋斗律)을 비교해 보라는 글쓰기 과제를 내준 적이 있다.

송두율은 서울대학교 철학과를 졸업하고 1968년 독일로 유학을 떠났다가 유신 정권 수립 이후 반체제 인사로 분류되어 입국이 금지되었다. 그곳에서 사회학 교수가 된 송두율은 37년 만인 2003년 9월 마침내 귀국했는데, 그를 기다리고 있던 것은 국가보안법이었다. 그는 독일에 머물면서 북한을 몇 차례 방문한 일로 인해 국가보안법상 간첩 혐의로 구속되었고 실형을 받아 구금 생활을 했다. 2004년 6월 송두율은 집행유예로 석방되어 독일로 돌아갔다.

최인훈의 『광장』은 잘 알려진 소설이지만 그 내용을 간략히 살펴보면 다음과 같다. 주인공 이명준은 북한에 있는 공산주의자인 아버지 때문에 남한에서 경찰 취조실에 끌려가 고문을 당하면서, 남한은 광장이 없고 밀실만 존재하는 곳이라고 생각한다. 이 때문에 월북하지만 북한은 개인의 밀실은 없고 사회적 광장만 존재하는 곳이었다. 북한군 군관으로 6.25 전쟁에 참전하여 국군 포로가 되었다가 정전 이후 포로 석방으로 자유의 몸이 된 그는 남한도 북한도 아닌 제3국을 선택하지만 그곳으로 가는 배 위에서 투신자살을 하고 만다.

송두율 교수와 『광장』의 이명준을 비교하라는 주제를 준 것은 분단과 이념 갈등 속에서 지식인이 겪어야 했던 내적 갈등을 보여 주었다는 점에서 유사한 측면이 있다고 생각했기 때문이다. 학생들은 다양한 관점에서 글을 썼는데, 그중에서 한 학생의 글이 유독 눈에 들어왔다. 내용도 내용이지만 세 인물의 대화 형식으로 된 글의 구성이 무척 신선했다. 한 인물은 하늘에 있는 이명준, 또 다른 인물은 감옥에 있는 송두율, 그리고 세 번째 인물은 둘 사이를 오가는 우편배달부 역할을 맡은 글쓴이 자신이었다.

첫 번째 글은 하늘에 있는 이명준이 감옥의 송두율에게 보내는 편지이고, 두 번째 글은 송두율이 이명준에게 보내는 답신, 그리고 세 번째 글은 우편배달부인 글쓴이가 이들의 편지를 전해주면서 갖게 된 느낌과 인상을 적은 글이었다. 이와 같은 신선한 형식을 통해 송두율과 이명준의 시대적 배경과 상황, 고민에 대해 비교하면서 제3자인 자신의 관점을 제시한 것이다. 이처럼 글쓰기는 글의 구성에서도 새로운 시도가 필요하다.

여기서 제시한 세 가지 사례는 각각 소재, 표현 방식, 그리고 구성 면에서 기존의 전형적인 형태에서 벗어난 새로운 것들이다. 이처럼 글쓰기와 관련된 다양한 측면에서 발상 전환이 필요하다.

3. 권위에 도전하라

오늘날에는 사정이 크게 달라졌지만, 과거에 한국 축구는 아시아에서는 최강이었으나 유럽 또는 남미 팀들과의 경기에서는 유독 약한 모습을 보였다. 실력 차이도 있겠지만, 내가 보기에는 선수들이 제 기량을 발휘하지 못한 까닭이 더 컸다. 말하자면, 상대 팀의 명성만으로도 이미 주눅이 들어 제대로 뛰지 못했고 준비한 플레이도 하지 못했다. "우리가 이런 강팀을 어떻게 이길 수 있을까" 하는 생각을 먼저 가졌던 것이다. 예컨대, 브라질이나 독일 축구 팀과 경기가 있다면 브라질, 독일이라는 이름만 들어도 우리는 주눅이 들었던 것이다. 이런 마음가짐으로는 실력을 갖추더라도 유럽이나 남미 팀을 이길 수 없다. 우리 축구가 이런 콤플렉스에서 벗어나게 된 것은 4강에 진출했던 2002년 월드컵 이후일 것이다.

축구를 사례로 들었지만, 축구만이 아니라 우리나라 학생들이 취약한 것 중 하나가 바로 기존 권위에 도전하는 태도이다. 고등학교 시절 공부에는 항상 '정답'이 있었기 때문에, 그 정답을 찾아내거나 만들어 낸 인물은 정답만큼이나 커다란 권위를 갖는 것으로 간주되었다. 그래서인지 학생들은 세계적으로 유명한 학자나 천재라고 불릴 만한 뛰어난 업적을 세운 사람에 대해서는 그 권위를 비판 없이 수용하려는 경향이 강하다.

이런 경향이 생겨난 것은 유교적 전통과도 관련이 있다고 생각한다. 유교 문화의 영향으로 젊은 사람이 권위에 도전하는 것은 무례하거나 버릇없는 일처럼 여겨질 수 있기 때문이다. 그러나 학문 세계에서 이런 상명하복(上命下服)식 위계질서는 불필요하다. 기존 권위나 명성에 도전할 수 없다면 어느 학문을 막론하고 새로운 해석이나 이론은 생겨나기 어렵다. 기존 권위에 과감하게 도전할 때 비로소 새로운 생각, 사상, 아이디어가 생겨날 수 있다.

권위에 주눅이 들게 된 또 다른 이유는 고등학교 때까지 기존 이론이나 학설이 '정답'으로 간주되며, '정답'을 두고 다른 생각을 한다는 것이 용납되지 않는 분위기에서 찾을 수 있다. 이 때문에 학생들의 보고서에서는 권위에 도전하기보다 기존 권위를 통해 자기주장의 타당성을 입증하려고 하는 태도를 더 자주 발견하게 된다. 즉 유명한 학자나 권위 있는 이론으로부터 자기주장의 정당성을 이끌어 내려고 하기 때문에 글의 전개가 권위 있는 기존 주장에서 시작하는 것이다.

예컨대, "예수 가라사대 A는 B라고 했으며, 공자 왈 X는 Y가 되어야 한다고 했다. 그런데 내가 하고자 하는 말도 A는 B이며, X는 Y가 되어야 한다는 것이다."라고 말하는 식이다. 즉 예수도 그렇게 말했고, 공자도 그렇게 말했으니 나도 그렇게 말하려고 한다는 것이다. 이는 예수나 공자와 같은 '권위'로부터 자기주장의 정당성을 끌어내려고 하는 것이다. 쉽게 설명하기 위해 예수와 공자를 예로 들었지만, 그것은 플라톤이 될 수도 있고 마키아벨리, 헤겔, 케인스 등이 될 수도 있다.

이런 방식의 글쓰기는 자신의 주장을 권위 있는 기존 주장보다 열등한 것으로 간주하는 것이므로 학술적 권위에 대한 순종의 의미 이상을 보여 주지 못한다. 종교 집회의 연설문이나 종교적인 글쓰기라면 신이라는 절대적 권위가 존재하기 때문에 거기에서부터 자기주장의 정당성을 이끌어내는 것은 당연할 수 있다. 그러나 사회과학 글쓰기에서 이런 방식은 적절하지 않다.

만일 예수나 공자의 말 또는 주장을 인용해야 하는 경우라면, 우선 자신의 주장과 그 논리적 근거를 제시한 뒤 공자와 예수도 나와 같은 주장을 한 바가 있다는 식의 전개가 되어야 한다. 앞에서와 비슷한 방식으로 예시하면, "분석 결과 나는 A는 B라고 생각하고, X는 Y가 되어야 된다고 주장한다. 그런데 성경이나 『논어』를 살펴보니 예수와 공자도 내 주장이 옳다는 것을 입증하고 있다."고 주장하는 것이다. 즉 예수나 공자와 같은 '권위'라고 해도 그들의 주장이나 입장은 자신의 주장을 뒷받침하는 보조적인 것일 뿐이지 그 권위 자체를 자기주장의 정당성의 원천으로 삼아서는 안 된다는 것이다. 이 점을 강조하는 것은 기존의 학술적 권위를 비판 없이 수용하기만 하면 새로운 주장이나 생각을 펼칠 수 없기 때문이다.

강의실에서도 권위에 주눅이 들지 말고 강의 내용에 의문을 제기하고 자신의 생각을 밝힐 수 있어야 한다. 교수들 대부분은 학생들이 자신과 다른 주장을 제기하는 것에 대해 크게 괘념치 않는다. 교수의 생각에 자신을 맞추려고 하면 창의적이고 새로운 생각을 이끌어 낼 수 없다. 어떤 권위든 합리적인 방법과 논리를 통해 도전하는 것은 반드시 필요한 일이다.

도전하고자 하는 권위가 높으면 높을수록 여러분의 도전이 성공적일 때 여러분의 권위도 그만큼 높아진다. 모두가 높게 평가해 온 어떤 이론이나 주장이 새로운 시각에 의해 그 한계나 문제점이 드러나게 된다면 학술 공동체의 많은 이들이 관심을 가질 수밖에 없기 때문이다. 방법론과 논리적 전개가 훌륭하다면 세계적인 저널에 여러분의 글이 실릴 수도 있다.

사회현상을 바라보는 시각은 하나일 수 없으며, 사회현상에 대한 해석에는 다양한 시각이 공존한다. 따라서 권위에 주눅 들지 말고 자유롭게 사고하고 새로운 접근을 시도하는 것이 중요하다. 생각이 자유로워야 새로운 시선을 가질 수 있고, 그래야 참신한 글쓰기도 가능하다.

책을 읽을 때도 비판적인 시각을 견지하는 것이 필요하

다. 사회과학은 반복해서 외우고 익히는 사서삼경(四書三經)식 공부와는 달라야 한다. 권위 있는 학자의 고전적 저술이라고 해도 그것이 오늘날의 사회현상을 설명하는 데 여전히 유용한지, 그 책의 가정이나 변인, 인과관계에 대해서 다르게 생각할 수 없는지 문제의식을 가지고 읽는 것이 중요하다. 권위에 도전하지 못하고 그 권위를 수용하기만 하면 새로움은 없으며, 독자적이고 창의적인 작품도 생겨날 수 없다.

4. 익숙한 일에서 유추하여 생각하라

다르게 생각하고 권위에 도전하라고 말하지만, 학생들이 막상 이를 실행해 보려고 하면 어려움을 느끼기 마련이다. 사회적 통념이나 상식에서 벗어나기 어려운 탓도 있고, 또 주류 이론이나 고전 작품이 강한 설득력과 논리성을 갖추고 있어서 그것을 넘어서기가 쉽지 않기 때문이다. 한편으로 다르게 생각하라고 하면, 막연하고 추상적인 형태로 생각하려 하거나 공상의 형태로 새로운 것을 찾아내려고 하기 때문에 어렵게 생각될 수 있다. 공상 속에서 머리를 쥐어짠다고 해서 몰랐던 일들이나 경험하지 않았던 일들이 머릿속에 갑자기 떠오르는 것은 아니기 때문이다. 더욱이 사회현상에 평소 관심이 없었다면 주제 선정부터가 쉽지 않은데, 여기에다가 다르게 생각하라고 하니 글쓰기가 더욱 어렵게 느껴지는 것이다.

✎ 경험에서 유추하기

모르는 일에 대해 글을 쓸 수는 없다. 그렇다면 이런 경우에는 어떻게 해야 할까? 자신이 경험한 일에서 유추해 보는 것이 한 방법이 될 수 있다. 예를 들면, 대통령 선거에서 유권자의 선택에 언론 매체가 미치는 영향력에 대한 글쓰기 과제가 주어졌다고 하자. 선거나 그와 관련한 언론 보도에 대해 깊이 생각해 본 적이 없는데 그에 대해서 글을 써야 한다면 무척 난감할 것이다. 그럴 때는 자신이 경험한 일을 떠올려 보자.

예컨대, 언젠가 대통령 후보들의 TV 토론을 본 적이 있다면 그때 TV 토론을 보면서 가졌던 생각을 떠올려 보는 것이다. A와 B 두 후보의 토론이었는데, 그때 자신은 A 후보를 지지하고 있었다. 그런데 TV 토론에서 A 후보는 말을 잘하지 못했고 논리도 빈약했던 반면, 자신이 별로 좋아하지 않았던 B 후보는 말도 잘하고 정책도 괜찮게 느껴졌던 기억이 떠올랐다고 하자. 그 후 투표일에 자신이 두 후보 중 누구를 찍었는지 회고해 보면서 유권자의 투표 선택에 미치는 언론 매체의 영향력에 대한 생각을 정리해 볼 수 있다.

TV 토론을 잘하지 못했지만 A 후보에게 표를 던졌을

수도 있고, TV 토론이 결정적 요인이 되어 B 후보에게 투표했을 수도 있다. 그때 자신이 어떤 선택을 했느냐에 따라 글의 방향은 달라질 것이다. A 후보를 선택했다면 TV 토론의 영향은 매우 제한적인 것이 되며, B 후보를 선택했다면 TV 토론이 투표에 상당한 영향을 미친 것이 된다. 여기서 한 걸음 더 나아가 "A 후보가 TV 토론을 잘하지 못했는데 왜 A 후보를 찍게 되었을까?" 혹은 "A 후보에게 더 호감이 있었는데 왜 TV 토론을 보고 B 후보에게 투표하게 되었을까?"라는 질문을 던져 볼 수도 있다.

어렵게 느껴지는 사회현상에 대해서 글을 풀어 나갈 수 있는 좋은 방법은 이와 같이 자신의 경험을 떠올려 그 문제에 접근해 가는 것이다. 글쓰기뿐만 아니라 전공 공부를 할 때도 자신의 경험에서 유추하는 것은 이해를 높이는 데 도움을 준다.

✎ 익숙한 상황에 적용해 보기

'다르게 생각하기'도 위에서 제시한 것과 비슷한 방법으로 접근해 볼 수 있다. 어떤 주장이나 설명에 대해 궁금증이 생기거나 잘 이해가 되지 않았던 경험은 다들 있을 것이다. 그 기억이 '다르게 생각하기'의 출발점이 될 수 있다. 예를 들어, 책이나 신문 기사, 방송 보도를 접하거나 친구들과 사회적 이슈에 대해 이야기를 나눌 때, 수긍할 수 없는 주장이나 설명에 대해서 궁금증이나 의문이 생길 수 있다. 이런 경우에 자신이 잘 아는 상황에 적용해 보면서 그 주장의 적실성을 판단해 보는 것이다.

앞에서 살펴본 것과 비슷한 예시로 좀 더 이야기해 보자. 예컨대, 대통령 선거에서 TV 토론이 후보자 선택에 매우 중요한 영향을 미쳤다는 주장의 논문이 있다고 하자. 읽어 보니 옳은 주장인 것 같고, 그 연구자가 행한 통계 분석을 통해서도 그와 같은 주장이 입증되었으며, 학계에서도 그 주장이 권위 있게 받아들여지고 있다고 하자. 그렇지만 나는 그 주장이 무엇인가 석연치 않게 느껴져서 다르게 주장하고 싶어졌다면 어떻게 해야 할까? 가장 쉬운 방법은 앞에서 든 예처럼 자신의 경험이나 가족 또는 친구의 경우를 떠올려 보는 것이다.

아버지는 보수 정당을 오랫동안 지지해 왔는데, 보수 후보의 TV 토론이 상대 후보보다 시원찮아 보였음에도 여전히 그 후보를 강하게 지지했다고 하자. 그런 경우 아버지의 태도는 TV 토론이 투표에 중요한 영향을 미친다는 주장에 대한 반증이 된다.

그렇다면 그 다음 단계는 TV 토론이 왜 아버지에게 큰 영향을 미치지 못했는지 그 이유를 생각해 보는 것이다. 아버지가 특정 정당에 대해 오랫동안 일체감을 가지고 있었기 때문일 수도 있고, 이념적 입장이나 출신 지역을 중시하기 때문일 수도 있다. 아니면 상대 후보가 너무 마음에 들지 않아서일 수도 있다. 그중 어느 것이든 내가 쉽게 알 수 있는 이유가 기존 설명과 구별되는 새로운 주장이 될 수 있다. 즉 TV 토론은 아버지처럼 특정 정당에 강한 충성심을 가지고 있는 유권자들에게는 영향을 미칠 수 없다는 주장이 도출될 수 있는 것이다. 이 주장은 권위 있는 기존 주장을 반박할 수 있는 새로운 주장이 될 수 있다.

이처럼 어떤 주장이나 사회현상에 궁금증이 들고 의구심을 갖게 되었다면, 막연한 상상이나 기존 자료에 의존할 것이 아니라 자신이 잘 알고 있는 익숙한 상황에 그것을 접목시켜 보면서 그로부터 다른 논리와 주장을 이끌어 내려는 노력이 필요하다.

5. 모방하라

사회과학 글쓰기가 처음인 학생들에게 도움이 될 수 있는 또 한 가지 방법은 쓰고자 하는 글의 모델이 될 만한 글을 찾아 모방해 보는 것이다. 여기서 '모방'이라는 말은 조심스럽게 이해될 필요가 있다. 모델이 될 만한 글을 그대로 베끼라는 의미가 아니라 글의 구성, 논지 전개, 단어 사용, 분석 방법, 서론과 결론의 글쓰기에 대해 꼼꼼하게 살펴보고 자신이 쓰려고 하는 글에 그 틀을 적용해 보라는 것이다. 예를 들면, 글을 써 보고 싶은 주제와 대상은 있지만 어떻게 논지를 전개해야 하는지, 글의 구성은 어떻게 해야 할지 막막하다면 유사한 주제를 다룬 논문을 찾아서 그 글의 체계와 구성에 대해 살펴보면 도움을 받을 수 있다. 눈 덮인 길을 걸어갈 때 어디가 어딘지 모른다면 앞사람의 발자국을 따라서 가는 것과 같은 방식이다.

여기서 말하는 '모방'의 의미를 충분히 이해하리라고 생각하지만, 그럼에도 이런 행위가 학문 윤리를 위반하는 '표절'이 되어서는 안 된다는 점을 새삼 강조하고 싶다. 표절은 다른 사람이 쓴 글과 연구 내용을 자기가 쓰거나 분석한 것처럼 거짓으로 내세우는 행위이다. 이는 타인의 글을 도적질하는 것이므로 학문 세계에서 윤리적으로 수용될 수 없을 뿐 아니라 경우에 따라서는 저작권 침해와 같이 법률적으로도

문제가 될 수 있다.[4]

다른 연구자의 주장이나 내용을 인용하고 싶다면 그 출처를 정확한 인용 방식에 따라서 밝혀야 한다. 글의 인용 방식에는 몇 가지 형태가 있는데, 특별한 방식이 요구되는 경우가 아니라면 그중 하나를 선택해서 일관성 있게 적용하면 된다.

4 학습윤리 가이드, 연구윤리 위반 사례 등에 대해서는 연구윤리정보센터 홈페이지를 참조할 수 있다(http://www.cre.or.kr). 그 밖에 서울대학교 연구윤리지침도 참고하면 도움을 받을 수 있다(https://www.snu.ac.kr/research/ethics).

02

전략적으로 글쓰기

글을 쓸 준비가 되었다면 본격적으로 글쓰기에 들어가게 된다. 이 장에서는 사회과학 글쓰기에서 특히 유의해야 할 점들을 중심으로 전략적인 글쓰기 훈련을 해보자.

1. 하나의 주장을 향해 글이 모아져야 한다

모든 글이 다 마찬가지이겠지만, 사회과학 글쓰기에서 특히 중요한 것은 자신이 주장하려는 바를 향해 글이 모아져야 한다는 것이다. 글의 구성과 내용은 글쓴이의 주장과 관계되거나 그 주장을 뒷받침하는 것이 되어야 한다. 이는 너무나 당연한 이야기 같지만, 주제와 관련된 내용을 중심으로 논지를 전개하기보다 잘 알고 있는 내용이나, 자료를 읽고 알게 된 것을 적는 경우도 적잖이 볼 수 있다. 전체 흐름에 비추어 불필요하거나 주제와 무관한 내용이 포함되면 산만한 느낌을 주기 마련이므로 주의해야 한다.

사실 하나의 사회현상에는 다양한 원인이 결부되어 있는 경우가 많다. 경제가 어려운 것은 정부의 정책이 잘못된 탓일 수도 있고, 기업의 경영 부실과 경쟁력 약화 때문일 수도 있고, 노동계의 잘못일 수도 있고, 세계 경제의 영향이거나 경쟁 국가의 경쟁력 강화 때문일 수도 있다. 또한 이념 대립이 격화되는 것은 정치인들 때문일 수도 있고, 사회 집단 간 신념 차이로 인한 것일 수도 있으며, 세대 차이 때문일 수도 있고, SNS 등 새로운 의사 소통 수단 때문일 수도 있다. 이처럼 어떤 사회현상을 설명하기 위해서는 다양한 요인을 그 원인으로 제시해 볼 수 있다. 논리적 근거를 대거나 경험적 입증이 뒷받침된다면 그 어느 것도 잘못된 설명이라고 할 수 없다.

그러나 어떤 사회현상이나 사회적 주제를 설명하기 위해서 너무나 많은 내용을 한꺼번에 다 넣으려고 하는 경우가 적지 않다. 예를 들어, 한국 정치에 개혁이 필요하다는 주장을 하고자 할 때 개혁 방안으로 정치인들이 바뀌어야 하고, 제도도 바뀌야 하며, 유권자들도 의식 변화가 필요하다고 서술한다면 이는 모두 옳은 말이기는 하지만 아무런 주장도 하지 않은 것이나 다름없다. 기존에 제기된 다수의 주장이 정치인과 정치제도의 변화에 시각이 모아져 있다고 할 때 유권자 측면에 주목해서 해결책을 모색한다면 그 글은 참신한 설명이 될 수 있다.

이처럼 사회과학 글쓰기를 위해서는 다양한 견해 중에서 자신만의 분명한 시각을 결정하고 그 시각을 중심으로 논지를 전개해야 한다. 요즘 많이 하는 말로 '콘셉트(concept)'가 중요하다는 것이다. 그리고 자신이 선택한 그 요인이 기존 주장에서 제시한 다른 요인들보다 왜 중요하고 특별한지를 설명할 수 있어야 한다.

불필요하게 다양한 내용을 담게 되는 이유 중 하나는 다루고자 하는 논의의 주제가 너무 크기 때문이다. 주제가 너무 크다 보니 이를 설명하기 위해서 다양한 요인을 끌고 들어오는 것이다. 주제가 포괄하는 범위가 너무 넓으면 보고서 작성에 시간이 많이 걸리고, 내용의 깊이도 떨어질 수밖에 없으며, 주장의 설득력도 약해진다. 이런 경우라면 논지가 하나의 주장으로 귀결되기 어렵다.

논의의 주제를 크제 잡는 것은 대부분 글쓴이의 생각이 충분히 정리되지 않았기 때문이다. 글을 쓰려면 자신의 주장을 좀 더 '좁혀서' 치밀하게 생각해 볼 필요가 있다. 사회과학 글쓰기에서 좋은 글은 '좁은 주제'를 '깊게' 분석한 글이다. 주제가 '좁다'는 것은 다루고자 하는 글의 주제가 분명하게 정리되었음을 의미하며, 그만큼 글쓴이가 하고자 하는 주장도 명료해진다. 따라서 좋은 보고서를 쓰기 위해서는 '좁은 주제'를 깊이 있게 연구하는 것이 중요하다. '좁은 주제'를 다루는 만큼 연구 대상에 대해 보다 깊게 논의할 수 있고, 차별화된 자신의 주장을 찾아내기도 그만큼 쉬워진다. 이는 학부 수업의 보고서뿐만 아니라 학위 논문에도 마찬가지로 적용할 수 있다.

구체적인 주제가 아니라 관심이 가는 대상만을 들고 와서 자문을 청하는 경우도 있다. 예를 들어 연구 주제를 무엇으로 잡았는지 물었을 때 "일본을 대상으로 하려고 합니다."라고 대답한다면 이 학생은 무엇을 연구할 것인지 전혀 정하지 못한 상태라고 할 수 있다. 일본을 대상으로 할 수 있는 연구가 얼마나 많은가!

이런 경우에 나는 일본의 무엇을 대상으로 글을 쓸 생각인지 다시 묻곤 한다. 그때 학생이 일본의 정당 정치에 대해 써 보겠다고 한다면, 일본을 연구하겠다는 대답보다는 구체적이지만 보고서의 주제는 여전히 오리무중이라고 할 수밖에 없다. 아직도 가야 할 길이 먼 것이다. 일본의 정당 정치에서 자민당의 장기 집권 원인에 대해 다루고 싶다고 하면, 이제서야 글쓰기를 위한 첫걸음을 뗀 것이다. 이와 관련하여 많은 논의가 축적되어 있을 것이기 때문에 기존 연구에서 충분히 설명하지 못한 요인을 찾아보려는 시도가 그 글의 핵심이 될 것이다.

위에서 본 예처럼, 궁금증을 가지기보다 연구 대상부터 정하는 경우를 흔히 볼 수 있다. 여기서 강조하고자 하는 점은 궁금증이 먼저이고 대상은 그 다음이라는 것이다. 그리고 궁금증은 가능하면 구체적이어야 한다. 그래야 '좁은 주제'를 찾아낼 수 있다. 궁금한 그 현상이 특정 지역에서 일어난 사건을 대상으로 한다면 사회현상과 대상 지역이 동시에 정해질 수도 있다.

이와 같이 좋은 글쓰기는 글의 내용이 하나의 주장을 향해 모아진 것이다. 그러기 위해서는 '좁은 주제'에 대해 깊이 있게 논의하는 것이 중요하다.

2. 자신의 주장과 시선이 드러나야 한다

학교에서의 글쓰기는 과제로 주어지는 경우가 많기 때문에 학생들은 사회현상에 대한 자신의 관점을 적극 제시하기보다 주어진 주제에 수동적으로 접근하기 쉽다. 글쓴이의 주장이 분명하게 제시되지 않은 글은 흥미를 끌기 어렵고 내용도 산만하기 마련이다. 특히 사회과학 글쓰기에서는 글쓴이가 하고자 하는 주장이 글 속에 조리 있게 제시되어야 한다. 자신의 주장이 드러나는 글을 쓰기 위해서 주의할 점은 다음과 같다.

첫째는 자료에 과도하게 의존하지 말라는 것이다. 근래에는 컴퓨터에서 몇 번의 검색만으로도 주어진 주제와 관련된 수많은 자료와 정보를 찾을 수 있게 되었다. 찾은 자료를 읽다 보면 하나의 현상에 대해서도 다양한 관점이 존재한다는 것을 알 수 있다. 따라서 글을 쓸 때 분명한 자신의 시각과 주장을 가지고 있지 않으면 다양한 주장을 열거하는 데 그칠 수 있다. 즉 A라는 글에서는 '가'라고 이야기하고, B라는 글에서는 '나'라고 주장하고, C라는 글에서는 '다'라고 말한다는 식으로 글을 쓰는 것이다.

글쓴이가 얼마나 많은 기존 연구를 읽고 얼마나 많은 상이한 주장이나 이론을 알고 있는지가 글에 대한 평가를 좌우하는 것은 아니다. 기존 연구를 찾아서 읽는 것은 바람직하지만 그것은 글쓴이의 주장을 뒷받침하기 위해서 필요한 것이다. 즉 기존 연구는 글쓴이의 시각에서 평가하고 비판하면서 자신의 주장을 보다 분명하게 드러내 보이기 위해 필요하다. 하지만 기존 연구 결과를 나열하기만 한 글은 다른 사람들의 연구 결과에 대한 요약문에 그칠 수밖에 없다.

다수의 기존 문헌을 활용하는 경우라도 자신만의 고유한 관점이 있어야 체계적인 인용이나 비판이 가능하다. 논문을 검색하여 많은 참고문헌을 읽는 것은 바람직한 일이다. 그러나 사회과학 글쓰기에서 더 중점을 두어야 할 것은 주제에 대한 자신만의 주장을 가지는 것이다.

둘째는 보고서를 과제로 부여한 교수나 강사의 입장에 자신의 생각을 맞추려고 하지 말라는 것이다. 과제로 보고서를 쓰게 하면 담당 교수가 발표한 연구물을 찾아 읽고 그것을 토대로 보고서를 작성하는 경우가 많다. 그렇게 하면 과제를 내준 사람의 의도를 파악하기 쉽고, 또 성적을 좋게 받을 수 있으리라는 기대감도 있을 것이다. 그러나 교수나 강사의 주장을 요약하게 하기 위해 보고서를 제출하도록 하는 경우는 거의 없다.

그리고 무엇보다 과제를 내준 사람의 시각에 맞춰 글을 쓰려고 하면 시작부터 생각의 폭이 좁아지고, 그에 따라 글의 내용도 제한적일 수밖에 없다. 이런 경우 글쓴이의 고유한 주장이나 신선한 시각은 찾아보기 어렵다. 이와 같은 점은 앞에서 언급한 대로, 권위에 도전하라는 제안과도 연관이 있다.

세 번째로 피해야 할 것은 양비론(兩非論)이다. 양비론은 어떤 사안과 관련된 당사자 모두가 책임이 있다는 식의 주장이다. 예를 들어 미국과 중국 간에 무역 전쟁이 발발하여 국제 경제에 매우 부정적인 영향을 미치고 있다고 하자. 미국과 중국 간 무역 전쟁에서 어느 나라의 책임이 더 크다고 생각하는지 의견을 보고서로 제시하라는 과제가 주어졌다면, 둘 중 한 국가를 중심으로 논지가 전개되어야 한다. 그러나 현실적으로는 미국과 중국 양측 모두에 책임이 있을 가능성이 크다. "미국은 이런 점에서 잘못을 했고, 중국은 저런 점에서 잘못을 했다. 그래서 무역 전쟁은 양측 모두의 책임이 크다."라는 식으로 글을 전개했다면 틀린 것은 아니지만, 글쓴이의 주장이나 생각은 여기서 찾아볼 수 없다. 만약 토론회의 원고라면 이 글은 사실상 아무런 주장도 하지 않은 것이다.

양비론을 피하려면 글쓴이가 사회현상을 평가하는 분명한 기준을 가지고 있어야 한다. 무역 전쟁을 일으킬 수 있는 여러 가지 요인 중에서 자신이 볼 때 가장 중요하다고 생각되는 요인을 골라낼 수 있어야 하는 것이다. 그것은 불공정 무역일 수도 있고, 무역수지 적자일 수도 있으며, 지적 재산권 침해 또는 국제적 패권 유지와 관련될 것일 수도 있다. 어느 측면에 주목하느냐에 따라 미중 간 책임 소재도 달라지고, 무역 전쟁의 원인도 달라질 수 있다. 자신의 시선으로 그 요인을 찾아내야 하는 것이다. 이와 관련하여 양비론에 대한 다음의 지적은 경청할 만하다.

> 그러니까 A도 틀렸고, A가 틀렸다고 이야기하는 B도 틀렸으며, 결국 이렇듯 A와 B가 모두 틀렸으니 세상 모두 틀린 것들뿐이라는 주장이다. 하기야 원칙적으로 양비론은 항상 옳다. 도대체 이 세상에 완벽히 도덕적인 의인이 어디 있을 것인가. 모두 결함과 단점을 지닌 이들뿐이다. 그러나 양비론적 사고가 결정적으로 문제가 되는 것은 그것이 옳지 않음의 차이를 무력화시키기 때문이다. 문제가

되는 A와 B는 당연히 모두 일정한 결함을 지니고 있지만 그 결함은 상당한 차이를 보이는 경우가 많다. 여기서 단순한 양비론은 이들의 차이를 적확하게 표현할 수 없고, 헤겔의 표현을 빌리면, 어두운 밤에 모든 소가 검은색이라고 주장하는 유아적 태도를 지닐 수밖에 없다.[1]

양비론을 피하기 위해서는 위의 인용문에서 지적한 것처럼 두 대상의 차이를 정확하게 파악할 수 있어야 한다. 그러기 위해서는 글쓴이가 두 대상을 평가하는 뚜렷한 잣대를 가지고 있어야 한다.

1 김수영, 「양비론의 올바른 사용법」, 『한국일보』 2012. 6. 4.

3. 인과관계를 찾아라

사회과학 글쓰기는 사회현상에 대한 인과관계를 찾는 작업이다. 다시 말해서 어떤 사회현상이 왜 발생했는지 그 원인을 찾는 것이다. 따라서 사회현상에 대해 그런 일이 왜 일어났는지 궁금증을 가지고 그 원인을 찾아내는 방식으로 글을 써야 한다. 학생들이 사회과학 글쓰기를 할 때 어려움을 겪는 이유 중 하나는 현상에 대한 궁금증에서 출발하지 않는다는 데 있다.

한 가지 비유를 들어 보자. 유명한 물리학자 아이작 뉴턴(Isaac Newton)은 사과나무에서 사과가 떨어지는 것을 보고 "왜 사과가 아래로 떨어질까?"라는 의문을 갖게 되었다. 뉴턴은 연구 끝에 중력이 작용하여 사과를 아래로 떨어뜨리며, 중력이 우주의 모든 만물에 적용된다는 사실을 밝혀냈다. 이것이 바로 '만유인력의 법칙'이다. 뉴턴의 발견에서 가장 중요한 점은 사과가 아래로 떨어지는 현상에 그가 의문을 가졌다는 것이다. 사과가 아래로 떨어지는 것은 결과적인 현상이고, 그 뒤에 존재하는 원인에 대한 궁금증이 뉴턴으로 하여금 중요한 원리를 발견할 수 있게 한 것이다.

이는 사회과학에도 마찬가지로 적용된다. 오늘날 수많은 사회현상이 발생한다. 전쟁이 발발하기도 하고, 폭동이 발생하기도 하고, 자살이 증가하기도 하고, 민주화가 이뤄지기도 하고, 경제적 양극화가 심화되기도 하고, 한류가 외국에서 큰 인기를 얻기도 하고, 예상치 못한 후보가 선거에서 승리를 거두기도 한다. 이런 현상들은 모두 어떤 원인에 의해 생겨난 결과이다. 사회과학 글쓰기는 바로 이와 같은 사회현상들이 발생한 원인을 찾아 규명하는 방식이 되어야 한다.

어떤 주제로 글을 쓰고 싶은지 물으면 "나는 정당에 관심이 많습니다", "일본군 위안부 문제를 다루고 싶습니다", "일본 문화를 좋아해서 다루고 싶습니다", "통일에 관심이 많습니다"와 같이 답을 하는 경우가 많다. 그러나 이는 모두 관심이 있거나 좋아하는 것들일 뿐 사회현상에 대한 궁금증을 담고 있지 않다. 사회현상이 왜 발생했는지에 대한 궁금증이 없으면 인과관계를 찾아낼 수 없다.

인과관계를 보여 주는 논문 한 편을 살펴보자. 아래에 인용한 글은 한 논문의 서론과 결론 일부이다. 서론에는 사회현상에 대한 분명한 궁금증이 제시되어 있고, 결론에는 그에 대한 답이 제시되어 있다.

> 한국과 미국의 대통령 지지율은 임기 말에 거의 예외 없이 하락하였다. 뿐만 아니라 김영삼 대통령 이래 한국 대통령들의 지지율 하락폭은 평균 50%를 웃돌고, 트루먼 대통령 이래 미국 대통령들의 지지율은 평균 40% 이상 하락하였다. 대통령 지지율의 하락은 정치적으로 매우 중요

한 의미를 지닌다. 한국에서 16대 대통령 선거를 제외하면 선거 당시 전직 대통령의 지지율이 50% 아래로 하락한 경우, 정권이 유지된 적이 없었다. 미국에서 현직 대통령의 지지율이 50%에 못 미치는 경우 90% 이상 정권 변화를 경험했다. 이러한 대통령 지지율의 중요성을 반영하듯이, 미국 대통령뿐만 아니라 한국 대통령 지지율 등락의 원인에 대한 연구와 현직 대통령 지지율이 차기 대선에 미치는 영향에 대한 연구들은 어느 정도 축적되어 있다. 그러나 한국 대통령 지지율의 하락 원인에 대한 이론적 논의는 제시되지 않았고, 대통령에 대한 지지를 변경한 유권자들의 특성을 분석한 경험연구 역시 수행된 바가 없다. 본 논문은 누가, 왜 대통령에 대한 지지를 바꾸는가라는 질문에 대한 이론적 설명을 제시하고, 이러한 설명의 경험적 근거를 제시한다.[2]

본 논문은 대통령의 지지율 하락이 선거 승리를 추구하는 포괄정당의 선거 전략의 필연적인 결과로 이해될 수 있다는 이론적인 주장을 제시하였다. 즉 정당들은 선거에서 승리하기 위해 새로운 가치 쟁점을 개발하거나 위치

---

2 문우진, 「대통령 지지도의 필연적 하락의 법칙: 누가 왜 대통령에 대한 지지를 바꾸는가?」, 『한국정치학회보』 46(1), 2012, 175-176쪽.

쟁점을 가치 쟁점으로 가공 생산한다. 이처럼 가공된 가치 쟁점은 대통령의 공약에 대한 국민들의 기대를 불러일으키고 대통령 임기 초반의 지지를 불러일으킨다. 그러나 가공된 가치 쟁점의 혜택이 모든 국민에게 돌아갈 수 없다는 사실을 국민들이 임기 후반에 인식하게 되면서, 대통령의 지지율은 급락하는 과정을 반복하게 된다.[3]

이 글의 연구자가 가진 질문은 "대통령의 지지율은 왜 예외 없이 하락하는가?"이다. 즉 이 연구에서 궁금해하는 사회현상은 '임기 말의 대통령 지지율 하락'이다. '지지율 하락'은 어떤 원인에 의해 만들어진 결과로, 이 연구자는 그와 같은 결과를 초래한 원인이 무엇인지 궁금해한다. 그리고 그 원인을 선거 때 후보자가 제시하는 공약에서 찾고 있다. 많은 표를 얻어야 하기 때문에 선거에서는 모두에게 기대감을 줄 수 있는 공약을 제시하게 된다. 하지만 집권 이후에는 대통령이 갖는 이념이나 정책적 입장으로 인해 모두를 만족시키는 정책을 펼치기는 어려우며, 그 사실을 국민들이 임기 후반에 깨닫게 되면서 지지율이 하락한다는 것이다. 요약하면 이 연구 논문에서 다루는 결과로서의 사회현상은 '임기

3 위의 글, 198쪽.

말 대통령 지지율의 하락'이고 그 원인은 '선거 공약의 특성'에서 찾을 수 있다.

이처럼 사회과학 글쓰기는 사회현상을 둘러싼 인과관계를 논리적으로 설명하고 제시하는 것이 그 목적이다. 따라서 사회과학 글쓰기를 잘하기 위해서는 사회현상에 대한 궁금증이 분명해야 한다. 앞에서 제시한 대로, "통일에 관심이 있다"거나 "일본 문화가 좋다"고 하는 것은 글쓰기의 주제를 찾기 위한 큰 방향을 잡아 줄 수 있지만 글의 구체적인 주제가 될 수는 없다.

4. 정부 기관의 보고서가 아니다

글쓰기 과제물로 정부 기관의 보고서와 같은 글을 써내는 경우도 종종 볼 수 있다. "중국의 부상과 향후 한반도 주변 국제 정세 변화에 대한 우리의 대응"과 같은 글이 그 예이다. 여러 차례 이야기한 대로, 사회과학 글쓰기는 현상에 대한 원인 분석에서 출발해야 한다. 사회현상이 발생하게 된 원인과 결과, 즉 인과관계를 밝히는 것이 우선이다.

미래에 발생할지도 모르는 현상이나 사건을 주제로 글을 쓰는 것은 매우 어려운 일이며, 그 예측의 옳고 그름을 판단할 수 있는 근거도 없다. 따라서 미래 전망이 앞서는 사회과학 글쓰기는 현상에 대한 분석보다 글쓴이의 상상력에 의존할 수밖에 없다. 사회과학은 자연과학보다 상대적으로 느슨한 의미의 법칙이나 경향성을 찾는 학문이지만, 상상력에 의존해서는 과학성을 담보할 수 없다.

학생들이 쓴 보고서에서는 일어나지 않은 미래를 다루는 데까지 가지 않더라도, 사회현상에 대해 궁금증을 가지고 그 원인을 찾으려고 하기 전에 그 현상과 관련된 '처방'을 제시하려고 하는 경우가 많다. '경제적 격차 해소를 위한 방안 모색', '저출산을 막기 위한 대책', '돈 드는 정치의 극복 방안' 등이 그런 예이다. 물론 사회과학은 사회문제에 대한 실제적인 해결 방안을 고민하는 학문이다. 제도적 개선책, 행태나 관행에 대한 개선책을 제시하는 등 보다 나은 사회로 나아갈 수 있도록 바람직한 대안을 찾고 제시하는 것은 사회과학의 중요한 역할이다. 그러나 그런 대안이 만들어지기 위해서는 사회현상의 원인에 대한 깊이 있는 분석이 선행되어야 한다.

사회과학 글쓰기에서 학생들에게 요구되는 것은 사회문제 해결을 위한 방안의 모색이 아니다. 학습 단계에 있는 학생들에게 일차적으로 요구되는 것은 그간의 학습을 토대로 그와 같은 사회적 문제가 왜 발생했는지 자신의 시각에서 그 원인을 찾아보는 것이다.

앞에서도 강조한 바 있지만, 사회과학 글쓰기에서 가장

중요한 것은 사회현상이 왜 발생했는지, 왜 여타의 경우와 다른 모습을 보이는지 등 사회현상에 대한 궁금증이다. 그런 궁금증을 가지고 연구를 통해 그 원인을 찾았다면 그에 대한 대책은 글의 분석 과정을 통해 자연스럽게 함의(implication)를 이끌어 낼 수 있다. 따라서 글쓰기가 처음부터 사회적 문제와 현상에 대한 실제적인 처방이나 정책적 대안 모색으로 나아가는 것은 바람직하지 않다.

사회과학에서는 사회문제 해결을 위한 실용적 대안 모색이 필요하지만 그 일은 생각만큼 간단하지 않다. 사회문제와 관련된 다양한 요인 가운데 어느 것을 강조하느냐에 따라 사회현상이 발생한 원인에 대한 진단이 달라질 수 있기 때문이다. 이는 또다시 문제 해결을 위한 정책적 대안에도 차이를 가져온다.

예를 들어 저출산이라는 사회현상은 교육비 부담 때문에 생긴 것일 수도 있고, 불안정한 고용 상황이나 높은 주거비용 때문일 수도 있다. 이런 경우라면 육아나 교육에 대한 국가의 예산 지원 확대 같은 해결책을 생각해 볼 수 있다. 그러나 만약 그와 같은 현상이 우리 사회의 가족관과 결혼관 변화를 반영하는 것이라면 예산 지원이 확대되더라도 저출산 문제를 해결하기는 쉽지 않을 것이다. 이처럼 정책적 대안 마련은 사회현상에 대한 폭넓은 이해와 다양한 이론 및 분석에 대한 검토가 수반되는 쉽지 않은 작업이다. 따라

원인-결과 분석이 중요하다!

- 연구자가 궁금해하는 바가 무엇인지 분명히 제시한다.
- 연구 대상이 되는 사회현상의 원인과 결과가 무엇인지 분석하고, 자신만의 시각을 가지고 인과관계를 밝힌다.
- 원인을 밝히기 전에 처방이나 해결책이 제시되어서는 안 되며, 실제적인 처방이나 정책 대안은 분석 내용을 통해 자연스럽게 도출되도록 한다.

서 특히 학생들의 글쓰기에서는 정책적 대안 검토보다는 사회현상의 원인에 대한 분석이 우선되어야 하며, 대안 제시는 분석 결과에 따라 자연스럽게 이루어져야 한다.

5. 첫 문장이 중요하다

글을 쓸 때 가장 고민해야 할 부분 중 하나가 첫 문장이다. 독자로 하여금 앞부분만 읽고도 글에 대한 흥미를 갖게 할 필요가 있기 때문이다. 또한 서론의 끝부분까지 읽어야 그 글의 관심사나 연구 대상을 이해할 수 있도록 쓰기보다는 글의 앞부분에 연구 주제와 관심사를 제시하는 것이 좋다. 이는 글을 읽는 사람의 입장에서 생각해 보면 이해하기 쉽다.

어느 회사에서 입사 논술 시험을 실시한다고 가정해 보자. 500명이 응시했다면 그 회사의 채용 담당자들은 500명의 답안지를 채점해야 할 것이다. 이런 경우에 첫 문장이 눈길을 끄는 글과 그렇지 않은 글은 채점자의 입장에서 볼 때 큰 차이가 있다. 첫 문장이 관심을 끌면 좀 더 관심을 가지고 글을 읽게 될 것이고, 그렇지 못하다면 평범한 많은 답안지 중 하나가 될 것이다. 이와 같이 글을 읽는 사람의 입장에서 생각해 보면 첫 문장의 중요성을 짐작할 수 있다.

첫 문장의 중요성은 비단 사회과학 글쓰기만의 문제는 아니다. “그에게선 언제나 비누 냄새가 난다.” 1960년 발표된 강신재의 소설 『젊은 느티나무』의 첫 문장이다. 소설책을 펴 든 독자의 눈길을 사로잡는 뛰어난 감각적인 문장일 뿐 아니라 앞으로 벌어질 스토리에 대한 궁금증을 불러일으키는 문장이다.

알베르 카뮈(Albert Camus)의 소설 『이방인(L’Étranger)』의 첫 문장은 다른 차원에서 독자의 눈길을 끈다. “오늘 엄마가 죽었다. 아니, 어쩌면 어제.” 충격적일 수 있는 이 첫 문장만 읽어도 이어질 소설 내용의 정신적 혼돈, 파격, 부조리의 느낌을 짐작할 수 있다. 이처럼 첫 문장은 글을 읽는 사람의 관심과 흥미를 이끌어 낸다는 점에서 매우 중요하다.

물론 사회과학 글쓰기에서는 소설과 같은 감각적이고 서정적인 첫 문장이 좋은 것만은 아니다. 오히려 그 반대인 경우가 더 많다. 첫 문장이 중요하다는 것은 형용이나 비유에 의존하거나 멋진 문장을 써야 한다는 의미는 아니다. 중요한 점은 첫 문장을 통해 앞으로 전개될 내용에 대한 궁금증, 흥미, 관심을 불러일으킬 수 있어야 한다는 것이다. 자신이 글쓰기에서 다루고자 하는 주제와 관련된 것이어도 무방하다. 다만 글의 앞머리에서 읽는 사람이 흥미를 느낄 수 있는 점을 강조하라는 것이다.

이와 마찬가지로 제기하려는 주장도 글의 앞부분에 드러나는 것이 좋다. 학생들은 미괄식(尾括式)으로 글을 쓰는 경향이 있다. 미괄식으로 된 글에서 글쓴이가 제기하려는 주장이 무엇인지 알기 위해서는 글을 끝까지 읽어야 한다. 최근 들어 국내외 저명한 저널에 실린 사회과학 논문을 보면 제시하고자 하는 주장이 서론에 드러나도록 작성되어 있다. 이런 추세는 연구 환경 변화와도 관련이 깊다.

글쓰기를 할 때 자신이 정한 주제와 관련된 연구 자료를 찾는 일은 정보화의 진전과 함께 너무도 쉬운 일이 되었다. 클릭 몇 번이면 수많은 관련 자료를 찾을 수 있다. 그러나 역설적으로 이 때문에 많은 자료 중에서 자신의 글쓰기 주제와 보다 관련이 있는 글을 찾는 것은 상당한 시간을 소요하는 작업이 되었다. 이런 상황에서 글을 끝까지 읽어야 글쓴이가 제시하고자 하는 주장과 분석 결과를 알 수 있도록 글을 쓰는 것은 적절치 않을 것이다. 글의 앞머리에 연구 질

문과 그에 대한 자신의 발견과 주장을 제시하게 된 것은 이런 변화와도 관련이 있다.[4]

이처럼 사회과학 글쓰기에서는 서론에 연구 문제와 자신의 주장을 제시함으로써 그 글에 대한 관심과 흥미를 높이는 것이 중요하다. 이와 관련된 사례로 아래의 글을 살펴보자.

> 이 연구는 2016년 후반 박근혜 전 대통령의 탄핵을 둘러싼 논란 속에서 탄핵 반대를 주장하면서 정치 집회를 지속해 온 이른바 '태극기 부대' 시위자들을 분석 대상으로 한다. 박근혜 전 대통령의 실정과 측근 최순실의 국정농단 사태로 인해 탄핵에 대한 여론의 지지도 매우 높았지만, '태극기 집회자들'은 박 대통령에 대한 충성심을 보이면서 탄핵에 대해 강하게 반대했고 무효를 주장했다. 이들은 한국 정치의 맥락에서 보수 성향의 시민들로 구분할 수 있다. 그런데 보수 성향의 유권자들 중에서도 탄핵에 찬성하는 이들이 적지 않았다는 점을 고려하면, 태극기 집회 참가자들은 보수 집단 내에서도 구별되는 이념적 특성을 갖는다고 할 수 있다. 이 글에서 주목하는 점은 태극

4 국내외 주요 저널에 논문을 실을 때 요약문(abstract)을 함께 넣도록 한 것도 마찬가지 이유이다.

기 집회 참여자들이 어떤 이념적 특성을 갖는가 하는 점이다.[5]

이 인용문은 한 학술지에 실린 논문의 첫 문단이다. 이 부분만 읽어 보더라도 이 연구가 '태극기 집회 참가자들'을 연구 대상으로 하고 있으며, 그들이 보수 집단 내에서 어떤 구분되는 특징을 가지고 있는지 분석하고자 한다는 것을 알 수 있다. 즉 첫 문장에 이 연구의 분석 대상이 분명하게 제시되어 있고, 연구 목적도 첫 문단에 드러나 있다.

다음 인용문은 에드워드 톰슨(Edward Thompson)이 쓴 『영국 노동계급의 형성(The Making of the Eglish Working Class)』의 머리말 가운데 첫 문단이다. 이 책의 제목이 가지고 있는 의미와 앞으로 전개될 내용에 대한 방향이 첫 문단에 잘 제시되어 있다.

이 책의 제목은 다소 어색하지만 책의 목적과는 잘 부합하는 제목이다. '형성(making)'이라 한 것은 이 책이 진행 중인 어떤 과정에 관한 연구이기 때문인데, 진행 중인 과정은 여건에 의해 좌우되기도 하지만 그 활동 주체에 의

5 양웅석·황선영·강성식·강원택, 「'태극기 집회', 박정희와 한국 보수주의」, 『한국과 국제정치』 34(3), 2018, 2쪽.

해서도 좌우된다. 노동계급은 정해진 어느 시간에 맞추어 태양이 떠오르듯이 등장한 것이 아니다. 그것은 노동계급 자신이 만들어 내는 과정 속에서 나타난 것이다.

에드워드 톰슨이 쓴 이 책의 핵심 관점은 '형성'으로, 그는 '형성'이라는 과정의 측면에서 노동계급의 부상에 주목한 것이다. 이처럼 글을 쓰는 관점 역시 머리말의 첫 문단에서 파악할 수 있도록 하는 것이 바람직하다.

문학 작품이든 사회과학 글쓰기이든 첫 문장은 매우 중요하다. 다른 점이 있다면 사회과학 글쓰기에서는 수사적이거나 유려(流麗)한 문체를 요구하는 것은 아니며, 연구의 대상과 목적이 구체적으로 제시되어야 한다는 것이다. 맨 앞에 제시된 문장을 통해 글에 대한 흥미와 관심을 불러일으킬 수 있게 해야 한다.

체크 리스트

- 첫 문장이 앞으로 전개될 내용에 대해 흥미를 유발할 수 있도록 작성되었는가?
- 서론에 연구 문제와 분석 대상이 분명하게 제시되었는가?
- 글을 쓰는 관점과 제기하려는 주장이 글의 서두에 드러나 있는가?

6. 문장은 간결하고 쉬워야 한다

사회과학 글쓰기라고 하면 보통 어려운 글을 떠올리는 것 같다. 그래서 일반인들에게 생소한 단어와 개념을 사용하여 글을 어렵게 쓰는 경향이 있다. 그러나 잘 쓴 글은 쉽게 읽히는 글이다.

읽기가 어려운 글은 글쓴이가 내용을 충분히 이해하지 못하고 쓴 경우가 대부분이다. 그런 글을 다른 사람이 제대로 읽어낼 것으로 기대할 수는 없다. 이는 제대로 번역하지 못한 번역서를 읽을 때 겪게 되는 혼란과 비슷하다. 원문의 의미를 파악하지 못한 채 번역한 글이 이해하기 무척 어려운 것처럼, 그 의미와 내용을 충분히 이해하지 못한 채 글을 쓰면 글이 어려워지기 마련이다.

글이 어려워지는 또 다른 이유는 사용하는 용어와 관련이 있다. 일반인들이 잘 사용하지 않는 어려운 단어를 써야 아는 것이 많아 보이고 글의 품격이 올라간다고 생각하는 이들도 있는 것 같다.

어려운 영어나 한자식 표현을 쓰는 경향은 외국 학문을 수입해야 했던 시절의 경험과도 관련이 있다. 외국에서 확립된 이론을 번역하여 들여오는 과정에서 우리가 쓰는 용어 중 적합한 단어가 없거나 혹은 그 나라의 특이성을 강조하기 위해 한자로 번역한 어려운 단어들이 적지 않았다. 그러나 가능하면 자신이 설명하려는 내용에 맞는 쉬운 단어를 사용하는 것이 바람직하다.

일반적으로 잘 쓰지 않는 단어를 꼭 써야 하는 경우라면 괄호 안에 해당 외국어나 한자를 병기하는 것이 좋다. 아주 드물게 사용되는 용어이거나, 그 글에서는 일반적인 의미와 다르게 사용되는 경우에는 본문이나 각주를 통해 그 의미를 부연설명해 주는 것이 좋다. 사회과학 글쓰기는 일반인이 쉽게 읽을 수 있는 글이어야 한다는 점을 항상 염두에 두자.

또 한 가지 언급할 점은 한 문장이 너무 길어져선 안 된다는 것이다. 하나의 문단이 한 문장으로 이루어질 정도로 긴 문장을 종종 볼 수 있다. '~하고, ~하고, ~해서'와 같이 글을 이어가는 것은 우선 하고 싶은 말이 많기 때문이다. 하지만 간결하고 짧은 문장이 말하려는 바를 명확하게 전달하는 데 더 효과적이다. 따라서 가능하면 문장을 짧게 끊어서 쓰도록 하자. 다음에 제시된 인용문은 1987년 개정된 우리나라 헌법의 전문(前文)이다.

> 유구한 역사와 전통에 빛나는 우리 대한국민은 3·1운동으로 건립된 대한민국임시정부의 법통과 불의에 항거한 4·19민주이념을 계승하고, 조국의 민주개혁과 평화적 통일의 사명에 입각하여 정의·인도와 동포애로써 민족

의 단결을 공고히 하고, 모든 사회적 폐습과 불의를 타파하며, 자율과 조화를 바탕으로 자유민주적 기본질서를 더욱 확고히 하여 정치·경제·사회·문화의 모든 영역에 있어서 각인의 기회를 균등히 하고, 능력을 최고도로 발휘하게 하며, 자유와 권리에 따르는 책임과 의무를 완수하게 하여, 안으로는 국민생활의 균등한 향상을 기하고 밖으로는 항구적인 세계평화와 인류공영에 이바지함으로써 우리들과 우리들의 자손의 안전과 자유와 행복을 영원히 확보할 것을 다짐하면서 1948년 7월 12일에 제정되고 8차에 걸쳐 개정된 헌법을 이제 국회의 의결을 거쳐 국민투표에 의하여 개정한다.

이와 같이 대한민국 헌법 전문은 한 문장으로 되어 있다. 이는 헌법 개정에 이르기까지 중요한 사건과 우리 헌법의 근본 원칙을 동일한 무게감으로 서술하기 위함일 것이다. 또한 이런 문체는 긴 문장의 글을 권위적인 것으로 간주했던 과거 우리 법조계의 관행과도 관련이 있을 것으로 보인다. 하지만 읽는 입장에서는 그 내용이 쉽게 파악되지 않는다. 긴 문장이 권위가 있다고 생각하는 사람이 있을지 모르지만, 짧고 간결한 문장이 더 힘이 있다.

정유년 10월 그믐날 새벽에 전선 20척과 협선 50여 척이 우수영 내항에 집결했다. 바다는 캄캄했다. 비와 우박이 섞여서 몰아쳤고 돌풍이 불었다. 읍진 수령들과 군관들을 선착장으로 불러들였다. 수령들은 협선으로 바꾸어 타고 다가왔다. 비에 젖은 창검이 횃불에 번쩍거렸다. 나는 말했다.[6]

이 인용글은 김훈의 소설 『칼의 노래』의 한 대목이다. 『칼의 노래』는 이순신 장군의 『난중일기』를 소재로 한 소설로, 위에 제시된 인용문과 같이 간결한 문장으로 이루어져 있다. 그 간결한 문장에서 독자들은 무장(武將)의 권위와 전투를 앞둔 상황의 비장함과 긴장감을 느낄 수 있다. 이 글이 만연체(蔓衍體)로 서술되었다면 그와 같은 긴장감을 느끼기 어려웠을 것이다. 위의 글을 한두 문장으로 만들어서 읽어보면 전혀 다른 느낌을 받게 된다.

이와 같은 점은 사회과학 글쓰기도 마찬가지이다. 자신의 주장을 내세워야 하는 사회과학 글쓰기가 설득력과 공감을 주기 위해서는 글이 '늘어져서는' 안 된다. 다음의 두 글을 비교하면서 이 점을 좀 더 살펴보자. 제시된 글은 알렉시 드 토크빌(Alexis de Tocqueville)이 쓴 『미국의 민주주의(De la

6 김훈, 『칼의 노래 1』, 생각의나무, 2003, 161쪽.

démocratie en Amérique)』의 일부분이다. 원래의 문장은 Ⓑ인데, 비교를 위해 Ⓐ와 같이 긴 문장으로 수정해 보았다.

A 프랑스에는 13개의 최고 법원이 있었는데, 이 법원들은 일반적으로 말해서 그 이상의 상급심 없이 법률을 해석하는 권리를 가지고 있었고, 지방정부로서 정해진 지방 주들은 국가를 대표하는 군주의 소관 사항인 조세에 대한 동의를 거부할 권한을 부여받고 있었지만, 합중국에는 입법부가 하나인 것처럼, 법률을 해석하는 법원도 하나뿐이며, 또한 국민의 대표자들이 가결한 세금은 모든 시민들에게 구속력을 가진다.

B 프랑스에는 13개의 최고 법원이 있었다. 이 법원들은 일반적으로 말해서 그 이상의 상급심이 없이 법률을 해석하는 권리를 가지고 있었다. 그리고 지방정부로서 정해진 지방 주들은 국가를 대표하는 군주의 소관 사항인 조세에 대한 동의를 거부할 권한을 부여받고 있었다. 그런데 합중국에는 입법부가 하나인 것처럼, 법률을 해석하는 법원도 하나뿐이다. 또한 국민의 대표자들이 가결한 세금은 모든 시민들에게 구속력을 가진다.[7]

동일한 내용이지만 Ⓐ는 여러 번 읽어도 무슨 말인지 쉽게 이해되지 않는 반면에 간결한 문장으로 된 Ⓑ는 이해하기 쉽다. 보고서를 긴 문장으로 쓰는 것은 하고 싶은 이야기가 많기 때문이기도 하지만, 더 중요한 이유는 생각이 제대로 정리되지 않았기 때문이다. 하고자 하는 주장이 잘 정리되었다면 불필요하게 긴 문장을 쓰지 않게 된다.

긴 문장과 어려운 용어가 함께 쓰이는 이해하기 어려운 글쓰기는 법원 판결문에서 쉽게 찾아볼 수 있다. 알기 쉽게 바꾸겠다는 대법원의 발표가 있었지만, 법원 판결문은 여전히 최악의 글쓰기로 꼽힌다. 긴 문장과 어려운 용어가 글을 권위 있게 만든다고 생각하기 때문인지, 아니면 단어와 내용을 어렵게 해서 특정 직업에 종사하는 사람들만 독점적으로 해석하고 의미를 알도록 하기 위함인지 알 수 없다. 하지만 그 의미가 쉽게 전달되지 않는다면 제대로 쓴 글이라고 볼 수 없다. 다음에 제시된 판결문은 그와 같은 문제점을 잘 보여 준다.

> 갑이 아파트를 소유하고 있음에도 공인중개사인 남편의 중개에 따라 근저당권 채권 최고액의 합계가 시세를

7 A. 토크빌, 『미국의 민주주의 1』, 임효선·박지동 옮김, 한길사, 2002, 182쪽.

초과하고 경매가 곧 개시될 것으로 예상되는 아파트를 소액 임차인 요건에 맞도록 시세보다 현저히 낮은 임차보증금으로 임차한 다음 당초 임대차계약상 잔금 지급 기일과 목적물 인도 기일보다 앞당겨 보증금 잔액을 지급하고 전입신고 후 확정일자를 받았는데, 그 직후 개시된 경매절차에서 배당을 받지 못하자 배당 이의를 한 사안에서, 갑은 소액 임차인을 보호하기 위하여 경매개시결정 전에만 대항 요건을 갖추면 우선변제권을 인정하는 주택임대차보호법을 악용하여 부당한 이득을 취하고자 임대차계약을 체결한 것이므로 주택임대차보호법의 보호대상인 소액 임차인에 해당하지 않는다고 본 원심 판단을 수긍한 사례.[8]

이 글은 하나의 문장으로 되어 있을 뿐 아니라 글 속에 포함된 단어도 일반적으로 사용하지 않는 것들이다. 판결 대상은 우리 일상에서 발생하는 사건이지만 그에 대한 판결문은 이처럼 일상적이지 않은 용어로 가득하다. 길고 어려운 문장이 과거에 권위를 갖는 것으로 여겨졌기 때문에 지금도 법원에서 이런 문장을 쓰는 것인지도 모르겠다.

8 대법원 2013. 12. 12. 선고 2013다62223 판결.

여러분은 이런 글이 권위가 있다고 느끼는가? 아마도 그렇게 느끼지 않는 사람이 더 많을 것이다. 여러분의 글도 정도의 차이일 뿐 긴 문장과 난해한 단어가 합쳐지면 이런 느낌을 주게 된다. 짧고 간결한 문장과 쉬운 단어의 사용이 좋은 글쓰기를 위해 매우 중요하다는 점을 기억하자.

7. 화려한 문체와 수식이 많은 문장은 피하라

화려한 문체로 된 글은 멋있게 보이는 것이 사실이다. 그러나 자신의 주장과 제시해야 할 정보를 정확하고 논리적으로 전달하는 것이 목적인 사회과학 글쓰기에서는 불필요한 수식어나 미사여구, 화려한 문체는 피하는 것이 바람직하다. 상황에 맞는 단어를 제시하는 대신 미사여구나 화려한 문체로 묘사하면 제시하고자 하는 개념이나 주장이 불명확해지기 때문이다. 앞에서 언급한 대로 사회과학 글쓰기에서는 표현의 객관성이 중요하다.

> 철망과 강판으로 무장한 전경 차량이 광화문 광장을 반으로 가르며 단단한 성곽처럼 버티고 있었다. 시민 행진은 그곳에서 멈췄다. 촛불이 혜성처럼 흘렀다. 산발적인 구호가 터져 나왔다. 막힌 통로를 뚫으려는 시민들이 바리케이

드를 흔들어댔다. 성곽 위에서 앳된 전경들이 조선시대의 수병처럼 머리를 쏙 내밀다 사라졌다. 시민들의 함성은 차량 철갑에 부딪혀 튕겨 나왔다. 시민들은 바닥에 주저앉거나 선 채로 노래를 불렀다. 21년 전, 그 바리케이드는 독재의 철탑이었다. 21년 후, 바리케이드는 대통령의 고집이었다. 그 고집에 질린 시민들의 표정은 지친 기색이 역력했다. 가슴속에 육중한 '전봇대'가 박혀 있는 듯했다.[9]

위의 인용문은 2008년 미국산 광우병 쇠고기 수입 반대 촛불집회 때 경찰이 광화문에 컨테이너로 바리케이드를 친 상황을 묘사한 글이다. 이 글은 당시의 상황을 뛰어나게 묘사하여 마치 눈앞에서 그 광경이 펼쳐지는 듯한 느낌을 준다. 그러나 아쉽게도(?) 사회과학 글쓰기에서는 이런 방식의 묘사는 피하는 것이 바람직하다. 위의 인용문을 건조한 문장으로 고쳐 쓰면 다음과 같이 될 것이다.

경찰이 광화문 광장을 바리케이드로 막으면서 시민들과 경찰 사이에 충돌이 발생했다. 광화문 사거리에서 더 이상 행진할 수 없게 된 시민들은 구호를 외치거나 노래

9 송호근, 『서울대 송호근 교수의 이분법 사회를 넘어서』, 다산북스, 2012, 47쪽.

를 부르면서 경찰에 저항했다.

위의 글에서 전달하고자 하는 사실은 경찰이 시민의 행진을 바리케이드로 막았다는 것, 그래서 시민과 경찰 사이에 충돌이 있었다는 것, 그리고 시민들이 구호와 노래로 저항했다는 것이다. 당시의 상황을 객관적으로 전달하기 위해서는 그 이상의 묘사나 설명은 필요하지 않다. 이처럼 사회과학 글쓰기에서는 화려한 묘사나 미사여구보다는 객관적인 내용을 건조하게 전달하는 것이 좋다.

또한 글의 이해를 돕기 위해 비유나 은유를 쓸 수는 있지만 이를 과도하게 사용하는 것은 바람직하지 않다. 사회과학 글쓰기에서는 주장이나 설명이 있는 그대로 해석될 수 있게 제시되어야 하기 때문이다. 다시 아래의 예를 살펴보자.

> 대구·경북에 살고 있는 민주 세력은 박정희 신화와 싸우고 있다. 우리의 상대는 박근혜나 새누리당이 아니라 박정희다. 박정희를 가리키는 '반신반인'이라는 말에 모두 놀랐겠지만 이곳에서는 이 말이 오히려 겸양이다. 이곳에서 그는 온전한 '신'이다. 샤먼이다. 박정희 초상 앞에 촛불을 켜놓고 기복하는 모습을 이 지역에서는 어렵지 않게 볼 수 있다. […] 박근혜는 박정희 신화로부터 걸어 나온 '신의 딸'이다. 그는 자신의 능력과 판단이 아니라 아버지의

신탁(神託)으로 대통령이 된 사람이다. 그의 언어는 아버지의 그것이고, 그의 국가관도 아버지가 끌고 가던 유신체제의 그것이다. […] 박근혜를 지배한 것은 박정희의 신탁이었다. 그가 재벌들을 불러놓고 거래를 하는 모습도 마찬가지였다. 그는 아버지가 하던 방식대로 권력을 휘두르다 파국을 맞이했다. […] 검찰과 특검수사, 국정조사, 탄핵 등의 과정에서 우리가 해야 할 최소한의 목표는 박정희 신전의 어둠을 걷고 박정희의 신탁이 어떻게 박근혜를 통해 육화되고 박정희의 유령이 우리들 곁을 어떻게 배회하게 되었는지를 밝히는 일이다.[10]

위의 글에서는 박근혜 대통령의 국정 운영 방식이 아버지인 박정희 대통령이 유신 시대에 독재를 행한 것과 유사하다는 주장을 하고 있다. 이를 위해 대구·경북 지역에서 박정희에 대한 지역 주민의 존경과 추앙을 '신'으로 비유한 뒤 박근혜와의 관계를 '신탁', '신의 딸'로 은유하고 있다. 글쓴이가 말하고자 하는 바는 이러한 은유와 비유를 통해 독자에게 강하게 전달된다. 그러나 이 글은 자신의 주장과 함께 독자에게 읽는 재미를 줘야 하는 신문의 칼럼이다. 일반적인 사

10 김태일, 「박근혜 퇴진은 '박정희 신화' 청산 계기 돼야」, 『경향신문』 2016. 11. 28.

회과학 글쓰기에서는 이와 같이 비유와 은유가 글을 대강을 끌고 나가는 것은 바람직하지 않다. 위의 글을 건조하게 고쳐 쓰면 다음과 같이 될 것이다.

> 대구·경북에서는 박정희에 대한 존경심이 대단하다. 지역 일부 주민들에게 박정희는 마치 신과 같이 추앙된다. 그 딸인 박근혜 역시 대구·경북에서 높은 지지를 받고 있다. 박근혜 대통령의 재임 중 권력 행사나 재벌과의 관계에서 독재자였던 박정희와 유사한 모습을 찾을 수 있다. 그러나 이 때문에 박근혜는 과거의 방식대로 권력을 휘두르다 탄핵이라는 파국을 맞이했다.

원래의 글과 비교하면 읽는 재미가 확실히 덜하다. 그렇지만 읽는 사람에 따라 다르게 해석될 여지는 훨씬 줄어들었다.

또한 사회과학 글쓰기에서는 불필요한 '여담'을 늘어놓지 말아야 한다. 자신의 주장을 뒷받침하기 위해서 다양한 사례를 제시하고 여러 가지 내용을 펼치고 싶어 하는 심정은 이해한다. 그러나 주제와 꼭 들어맞지 않거나 내용이 중복되는 사례의 제시, 앞뒤에 각각 제시한 사례가 잘 연결되지 않는 경우 등은 피해야 한다. 글을 쓸 때 이런저런 자료에 의존하거나, 주제에 대해 분명한 자신의 생각을 갖지 못하면 불필요한 여담이 많아지게 된다.

또 한 가지 주의할 점은 유사한 내용의 반복이다. 글을 쓸 때 글의 체계가 명확하게 마련되어 있지 않으면 유사한 내용을 반복하기 쉽다. 또한 자신이 중요하게 생각하는 점을 강조하려 할 때도 중언부언이 될 수 있으므로 주의해야 한다.

따라서 문장이 길어지지 않도록 유의하고, 너무 어렵거나 일반적이지 않은 단어를 비롯하여 글의 전개상 '꼭 필요하지 않은 문장들'은 과감히 빼는 것이 좋은 글을 쓰는 한 방법이다. 그러기 위해서는 초고를 완성한 뒤 불필요한 문장이 포함되어 있지는 않은지 꼼꼼하게 살펴볼 필요가 있다. 학생들의 논문을 지도할 때면 글의 일부를 들어내는 것을 꺼리는 모습을 종종 볼 수 있다. 그러나 어렵게 쓴 글인 만큼 좋은 글이 되기 위해서는 불필요한 부분을 과감히 없애는 결단도 필요하다.

마지막으로 주의할 점은 진부한 표현이나 속어의 사용이다. 진부한 표현의 예는 '왼발의 달인', '한국의 빌 게이츠', '제2의 반기문을 꿈꾼다', '후폭풍이 거셌다' 등 신문 기사에서 종종 찾아볼 수 있다. '찻잔 속의 폭풍으로 그쳤다', '아무리 강조해도 지나치지 않다' 같은 영어 문장 번역 투도 가능하면 피하는 것이 좋다. 속어나 유행어도 사용하지 않는 편이 좋지만, 꼭 넣어야 한다면 따옴표 등으로 표시하고 그 의미를 객관적인 용어로 풀이해 두는 것이 좋다.

8. 통계 분석은 도구일 뿐이다

사회과학 글쓰기에서는 통계 자료를 인용하거나 데이터를 활용하여 통계 분석한 결과를 제시하는 경우가 많다. 통계적 방법을 사용하는 계량 분석을 하고 싶다면 데이터 아카이브에서 필요한 데이터를 찾아 활용하면 된다. 각종 인구 통계나 경제 지표, 선거 통계 등을 정리한 집합 데이터(aggregate data) 외에도 국민의식조사, 소비자 선호 조사 등 수많은 서베이 데이터(survey data)가 있다.[11]

기존 통계 분석 결과를 보고서에 그대로 붙여 넣는 것 역시 남이 만들어 놓은 자료에 의존하는 것이다. 따라서 자료를 인용하더라도 자신의 글에서 말하고자 하는 바에 맞게 적절한 형태로 변형해 활용하는 것이 좋다. 즉 간단한 통계 자료가 아니라면 자료를 그대로 인용하기보다는 조금이라도 수정 또는 가공해서 제시하는 것이 좋다. 물론 이때에도 기

11 통계 작성 기관이 보유한 통계 자료를 통합 데이터베이스에 수록해 놓은 국가통계포털(KOSIS)에서는 국내 통계는 물론이고 국제 통계와 북한 통계까지 확인할 수 있다.

존 자료를 왜곡하거나 정보를 잘못 해석할 수 있게 해서는 안 된다.

✎ 직접 통계 분석을 할 때 유의할 사항

데이터를 바탕으로 직접 통계 분석을 하는 경우에 몇 가지 유의해야 할 점을 살펴보자. 앞에서 이야기한 대로 사회과학 글쓰기에서는 인과관계를 파악하는 것이 중요하다. 이를 통계적으로 말하면 종속변수에 대한 독립변수의 영향을 찾는 것이다. 예컨대 선거에서 A라는 후보가 당선되었다고 가정하자. A 후보의 당선은 '결과'로 나타난 사회적 현상으로, 선거 결과는 종속변수가 된다. A 후보의 당선에 영향을 미친 요인들은 선거 결과의 '원인', 즉 선거 결과에 영향을 미친 독립변수가 된다. 이때 통계 분석을 통해 독립변수 X가 종속변수 Y에 미치는 영향, 곧 X → Y의 관계를 찾는 것이다.

통계 분석을 이용하더라도 연구자가 사회현상에 대해 가지는 궁금증이 명확하지 않으면 제대로 된 글쓰기는 기대하기 어렵다. 발생한 사회현상에 대한 궁금증으로부터 통계 분석이 이뤄지고 그에 대한 결과가 제시되어야 하기 때문이다. 구체적인 궁금증이나 자신의 주장 없이 통계 분석 결과에만 의존하려고 한다면 그 글은 설득력을 가질 수 없다.

심지어 구체적 연구 질문 없이 임의로 이러저러한 변수를 선정해서 통계 분석을 하고, 거기서 통계적으로 유의미한 결과가 나오면 나중에 그것을 정당화하는 방식으로 글을 쓰기도 한다. 겉보기에 그럴듯하게 보이더라도 이런 연구의 문제점은 글을 읽으면 금방 알 수 있다. 글쓴이의 주장과 궁금증이 없는 상황에서 사후적으로 분석 결과를 합리화한 글은 전개가 자연스럽지 못하고 논리성도 떨어질 수밖에 없기 때문이다.

✎ 통계 분석 결과를 해석할 때 주의할 사항

통계 분석 기법 자체가 사회현상의 원인이 무엇인지 답을 제공해 주는 것은 아니다. 통계 분석 기법은 연구자의 주장을 뒷받침하기 위해 활용되는 여러 가지 학문적 방법론 중 하나일 뿐이다. 즉 사회과학 글쓰기를 위한 '도구'의 하나인 것이다. 도구가 목적을 정당화할 수는 없다.

통계 분석 기법을 효과적으로 활용하기 위해서는 연구자의 주장이나 관점이 중요하다. 연구자로서 마땅히 해야 할 고민 없이 통계 분석 결과만을 과신하는 것은 매우 위험하다. 통계적으로 유의미한 결과가 나왔다고 해서 반드시 그에 따른 인과관계나 상관관계와 같은 사회적 연관성이 존재한다고 볼 수도 없기 때문이다.

이와 관련된 예를 하나 들어 보자. 미국에서 범죄 연구를 하면서 범죄에 영향을 미치는 요인을 조사해 봤더니 교회가 많은 곳에서 범죄율이 높다는 결과가 통계적으로 유의미하게 나타났다. 이 통계 결과만 보면 교회가 범죄 발생을 부추긴다는 결론을 내릴 수 있다. 그렇다면 교회 수를 줄이면 범죄가 줄어들까?

통계적으로 유의미하다고 해도 이와 같은 결론은 상식적으로 수긍하기 어렵다. 그렇다면 왜 이런 통계 결과가 나왔을까? 사람들이 많이 사는 대도시에서는 범죄 발생률이 높을 수밖에 없고, 교회 역시 인구가 많은 지역에 더 많이 존재할 것이다. 이 경우에는 '대도시'라는 매개 요인으로 인해 범죄율과 교회의 연관성이 나타난 것이며, 범죄율과 교회 사이에는 아무런 직접적인 관계가 없다. 이와 같은 경우를 '허위관계(spurious relationship)'라고 한다.

학생들이 보고서를 쓰면서 통계 분석을 이용할 때 자신의 주제에 대한 문제의식이나 주장이 명확하지 않은 경우에는 이와 같은 허위관계에 의존한 결론을 도출할 수 있다. 따라서 통계 분석을 활용하든 하지 않든 간에, 사회과학 글쓰기는 사회현상에 대한 궁금증에서 시작해야 하고, 그 원인에 대한 글쓴이의 분명한 시각이 있어야 한다.

통계 분석 결과를 과도하게 해석하는 것도 주의해야 한다. 다음의 [표 1]은 환경 관련 이슈에 대한 정당별 국회의원들의 태도를 가상으로 제시한 것이다. 원전 건설과 운하 건설에 대한 보수 정당 의원들의 강한 찬성과 진보 정당 의원들의 반대가 분명한 대조를 이룬다.

표 1 정치 쟁점에 대한 정당별 국회의원의 태도

정치 쟁점	보수 정당 소속 의원	진보 정당 소속 의원	차이
원전 건설	7.5	4.0	3.5
운하 건설	8.0	2.0	6.0

0: 매우 반대, 5: 중간, 10: 매우 찬성

이 표만 보면 우리나라 정당 정치의 이념적 균열이 환경 문제와 같은 탈물질 이슈로까지 확대되었다고 주장할 수도 있을 것 같다. 그래서 이 표의 결과에 근거하여 "우리나라 정당 정치가 이제 탈물질 이슈까지 대표할 수 있게 되었다."라는 결론을 제시했다. 그런데 실제로는 원전 건설이나 운하 건설이 대통령의 선거 공약 사항이었기 때문에 정치 쟁점이 되었다고 해 보자. 그럴 경우 여야 간 입장 차이는 대통령의 공약 실천을 도우려는 여당과 이를 저지하려는 야당 간의 정치적 이해관계에서 발생한 것이다. 보수 정당과 진보 정당의 입장 차이가 그와 같은 현실 정치적 갈등을 반영한 것이라면 이런 차이는 탈물질 이슈에 대한 가치의 차이를 반영한다고 볼 수 없다.

데이터가 보여 주지 못하는 사회 현실의 '맥락(context)'을 제대로 파악하지 않은 채 통계 결과를 이와 같이 과도하게 해석하면 오류가 생길 수 있다. 따라서 통계 분석을 할 때는

자신이 제기한 연구 질문에 충실한 논리 전개가 중요하며, 분석 결과가 보여 주지 않는 점에 대해 과도한 해석을 내려서는 안 된다.

도표 제시 방법도 고려해야 할 점이다. 경우에 따라 표 대신 그래프를 활용하면 정보를 더 효과적으로 제시할 수 있다. 그래프를 이용하는 경우에도 각 항목 간 비교라면 막대 그래프가 적절하고, 흐름을 보여 주기에는 선형 그래프가 더 효과적이다.

한 예로 두 차례의 선거에서 연령 집단별 투표율에 대해 쓴 보고서를 살펴보자. 보고서 작성자의 관심사는 젊은 세대의 투표율이며, 20대의 투표율이 낮다고 해서 모든 20대 유권자들을 동일하게 간주해서는 안 된다는 주장을 하고자 한다고 가정하자.

[표 2]에서 볼 수 있듯이 두 차례의 선거에서 20대 초반과 20대 후반 연령 집단 사이에 투표율 차이가 있음이 실제

표 2 연령 집단별 투표율(가상) (단위: %)

구분	20대 초반	20대 후반	30대 초반	30대 후반	40대	50대	60대 이상
선거 1	38.3	29.6	37.0	45.6	55.4	68.2	70.9
선거 2	39.9	34.2	45.1	56.5	66.8	77.6	75.2

(단위: %)

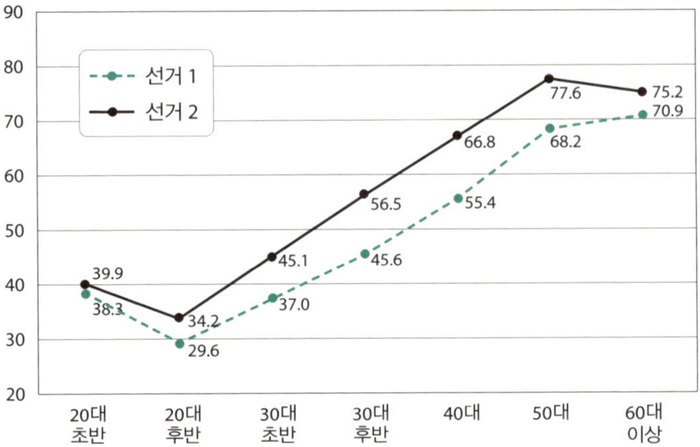

그림 1 연령 집단별 투표율(가상)

로 확인되었다. 20대 후반의 투표율이 낮은 반면 20대 초반의 투표율은 그만큼 낮지 않았다. 그러나 숫자로 가득한 표에서는 그와 같은 내용이 금방 눈에 들어오지 않는다. 같은 정보를 [그림 1]과 같이 제시하면 강조하고자 하는 바가 훨씬 효과적으로 부각되어 보다 쉽게 이해된다. 이처럼 자료를 제시할 때도 가장 효과적인 방법을 선택할 필요가 있다.

표와 그래프도 글의 전개를 위해 꼭 들어가야 하는 것을 선택하고, 유사한 내용이라면 종합적으로 분석하는 표 또는 그래프에 포함시키는 것이 좋다. 이와 같이 불필요한 요인이 많이 포함되지 않도록 하여 간결함을 최대한 유지해야 한다.

✎ 서베이 데이터를 활용할 때 유의할 사항

서베이 데이터를 활용할 때 연구자가 원하는 그대로의 설문 항목을 찾기 어려운 경우가 있다. 연구자가 직접 설문지를 만들지 않는다면 이런 문제는 근본적으로 해결되기 어렵다. 자신이 직접 설문지를 만드는 경우라고 해도 원하는 질문 항목을 누락하는 경우가 생기기도 한다. 따라서 이런 때에는 자신의 연구 질문에 가장 가까운 설문 항목을 활용해야 한다. 서베이 데이터를 활용해 분석할 때는 연구자가 선택한 설문 항목이 연구 질문의 핵심 개념을 제대로 반영할 수 있어야 한다. 이를 '조작적 정의(operational definition)'라고 한다.[12]

예를 들어 한 연구에서 여러 나라의 경제 발전 정도를 측정하기 위해 각국의 쇠고기 소비량을 조작적 정의로 활용했다고 가정해 보자. 하지만 쇠고기 소비량이 각국의 경제 발전을 비교하는 조작적 정의로 적합하다고 보기 어려운 경우도 있다. 왜냐하면 문화적·종교적 이유로 쇠고기를 먹지 않는 나라가 있을 수 있기 때문이다. 예컨대, 힌두교라는 종교적 이유로 쇠고기를 소비하지 않는 인도가 이 연구에 포함

12 어떤 개념을 과학적으로 정의하는 방식으로, 연구 가설을 세우거나 실험을 시작할 때 연구 목적에 맞게 용어를 정의하는 것도 일종의 조작적 정의이다.

되었다면, 쇠고기 소비량은 경제 발전 정도를 비교하는 적절한 변수가 될 수 없다.

다른 예로 정치 참여도나 정치적 관심을 측정하기 위해서 SNS에 한 주 동안 글을 올리는 횟수를 지표로 활용했다고 가정하자. 언뜻 보기에는 타당한 지표 같지만, SNS에 올리는 글의 성격에 따라 그것이 정치 참여도나 정치적 관심을 나타낼 수도 있고 그렇지 않을 수도 있다. 사회적 사안을 두고 글을 올리거나 댓글을 다는 경우라면 정치적 관심을 나타내는 것으로 볼 수 있지만, 친구들과의 소통을 위해서 글을 올리는 경우가 대부분이라면 여기서도 조작적 정의는 잘못된 것이다. 서베이 데이터를 활용할 때는 연구자가 분석하려는 개념이 적절한 변수에 의해 측정되어야 한다.

자료 근거 제시 방법

- 데이터를 활용하여 분석한 결과를 제시할 때는 반드시 해당 데이터의 명칭과 출처를 밝혀 준다.
- 서베이 데이터는 표본 크기, 표본 수집 방식 등 데이터의 속성에 대한 정보도 밝혀야 한다.
- 인터뷰의 경우에는 인터뷰 시기와 대상을 명시하고, 인터뷰 내용을 녹취하여 부록 형식으로 넣는 것이 좋다.

설문지를 직접 만들어서 설문조사를 하는 경우에는 엄격한 방법론에 따라 모집단(母集團)의 구성 비율에 맞게 표본을 선정하기 어렵고, 설문 대상자 수도 제한적일 수밖에 없다. 그렇더라도 가능하면 표본의 다양성을 최대한 확보하는 것이 좋다. 예컨대, 대학 내 학생만을 대상으로 할 경우, 인문사회 분야와 이공 분야로 나누고 학년과 성별로 나누어 조사하면 구성원의 다양성을 확보하는 데 도움이 된다.

✎ 인터뷰 활용 방법

통계 분석뿐 아니라 연구 주제와 관련된 사람들을 인터뷰하는 것도 많이 활용되는 방법이다. 그 한 예로 선거에서 유권자의 투표 선택 원인을 찾기 위해 선거운동 기간에 후보자, 선거운동원, 유권자 등을 대상으로 인터뷰를 실시하는 것을 들 수 있다. 이와 같이 사회적으로 주목을 받았거나 영향을 미친 사건 또는 결정과 관련된 인물을 인터뷰함으로써 그러한 사건이 발생하거나 결정이 내려진 원인을 파악할 수 있다. 구술이나 인터뷰 방식은 사회적 사건이 발생하거나 결정이 내려진 맥락적 측면을 파악할 수 있다는 장점이 있다.

이 방법을 효과적으로 활용하기 위해서는 인터뷰를 하기 전에 연구자가 주목하는 사건, 현상, 결정과 관련된 기존 연구나 자료를 조사하여 관련 내용을 충분히 숙지해야 한다. 이미 밝혀진 내용이 있다면 관계자 인터뷰가 필요하지 않을 수도 있기 때문이다. 또 알려진 사항과 다른 점이나 기존에 알려지지 않은 정보를 인터뷰를 통해서 확보하기 위해서도 기존 자료에 대한 충분한 사전 조사가 필요하다. 사전 조사는 인터뷰 대상자가 사실이 아닌 것을 말하거나, 제대로 기억하지 못하는 경우에 이를 파악하기 위해서도 필요하다.

관심의 대상이 되는 사건이나 결정과 관련된 인물이 많다면 여러 명을 인터뷰하는 것이 필요할 수도 있다. 그 사건이나 결정에 대한 서로의 기억이 다를 수도 있고, 자신에게 유리하게 그 상황을 해석하거나 사실이 아닌 것을 말할 수도 있기 때문이다.

학생들이 보고서에서 이런 방법들을 완벽하게 적용하기는 어려울 수 있다. 그렇다고 해도 사회과학 방법론 강의를 수강하거나 관련 도서를 참고하여 최대한 올바른 방법론을 적용할 수 있도록 훈련해 나가야 한다.

9. 마무리, 잘해야 한다

결론에서는 앞에서 논의한 내용을 요약·정리하는 데 그치기보다 연구 문제와 함께 분석을 통해 연구자가 강조하려는 주장을 정리하는 것이 필요하다. 앞에서 본 뉴턴을 예로 들면 "이 글에서는 사과나무에서 사과가 왜 아래로 떨어지는지에 대해 문제를 제기했다. 분석 결과 그 원인은 만유인력 때문이다."처럼 될 것이다. 이와 같이 문제 제기가 분명하고 그 원인을 찾기 위해 적절한 논의 전개가 이뤄졌다면 결론의 내용은 명쾌하고 단순해질 것이다. 자신의 입장이 뚜렷하고, 충분한 자료와 논거를 본문 중에 제시했다면 결론에서는 글쓴이의 분명한 입장을 정리하여 제시할 수 있어야 한다. 결론에서 자신의 주장을 정리하는 데 다양한 내용과 많은 분량의 글이 필요하다면 잘된 글이라고 보기 어렵다. 한 줄로 요약할 수 있을 정도로 연구 질문과 그에 대한 답을 찾았다면 잘 정리된 글이라고 할 수 있다.

무엇보다 결론은 글쓴이의 분명한 주장과 시각이 드러나도록 작성되어야 한다. 상반되는 주장이 모두 문제가 있다는 식의 양비론이나 대립되는 주장에 대해 타협적인 태도를 취하는 방식으로 글을 마무리하는 것은 바람직하지 않다.

또한 결론을 규범적이거나 도덕적인 내용으로 마무리하지 않도록 유의할 필요가 있다. 예를 들면, 아파트 가격이 계속해서 인상되는 사회현상을 분석하면서 그 원인으로 가격이 계속 오를 것이라는 기대감에 따른 투기 심리를 제시했다고 가정해 보자. 결론에서 그 내용을 요약하고 "이와 같은 부동산 가격의 지나친 앙등은 바람직하지 않은 것이다. 집은 투기 대상이 아니라 거주 공간이다. 따라서 소비자들의 부동산 투기 심리는 결코 바람직하지 않다."라는 내용으로 마무리했다고 가정해 보자. 틀린 말은 아니지만 전체 연구를 마무리하는 내용으로는 적합하지 않다. 이것은 마치 초등학교 시절 일기의 끝부분에 "오늘도 즐겁고 보람찬 하루였다."라고 쓰는 것과 마찬가지라 하겠다. 이보다는 본론에서 논의한 집값 상승에 대한 기대감의 원인을 정리하고, 이런 원인에 기초하여 투기 심리를 제어할 수 있는 합리적 방안을 제시하면서 마무리하는 것이 좋다.

결론 부분에 연구의 한계와 부족함을 제시하는 것은 경우에 따라서 필요한 일이다. 그러나 그런 문제점을 결론에 장황하게 적는 것은 적절하지 않다. 사회과학 글쓰기는 특정 사회현상에 대한 글쓴이의 견해를 드러내 보이는 것이다. 따라서 주관적 시각이 어느 정도 들어갈 수밖에 없고, 그것은 사회현상을 해석하는 다양한 시각 중 하나이다. 이런 한계는 처음부터 피하기 어렵다. 따라서 자료 부족, 방법론적 한계 등으로 충분한 논의가 이뤄지지 못한 경우라면 그와 같은 한계를 적시해야겠지만, 무턱대고 "이 글은 부족한 것이 많다."라는 식으로 쓰는 것은 바람직하지 않다. 그것은 겸손과도 무관한 일이다.

마지막으로 하고 싶은 말은 결론을 보다 확대된 의미에서 활용할 수도 있다는 점이다. 즉 단순한 요약과 정리에 그치지 않고 자기가 쓴 글의 내용이 가지는 의미와 중요성을 보다 확대된 측면에서 자리매김하는 것이다. 예를 들면, 정치 시위 문제를 다루면서 자신이 제시한 핵심 주장을 정치 참여 일반, 나아가 대의민주주의와 관련하여 그 함의를 찾는 것이다. 이런 함의가 지나치게 강조되거나 길어지는 것은 바람직하지 않지만, 글의 의미를 보다 큰 틀 속에서 찾아보고 후속 연구의 필요성을 제기하는 것은 필요하다.

이처럼 결론 역시 글쓴이에게는 중요한 공간이다. 따라서 글을 요약하고 정리하는 데서 더 나아가 결론을 잘 활용할 수 있는 방법을 고민해 보자.

03

글쓰기가 쉬워지는 습관 만들기

1. 사회현상에 관심을 가지고 공유하기

사회과학 글쓰기를 잘하려면 우선 사회현상에 관심을 가져야 한다. 평소 관심이 없었던 일에 대해서 좋은 글을 쓸 수는 없기 때문이다. 별에 관심이 있어서 매일 밤 하늘의 별을 관찰하는 사람은 작은 변화만 생겨도 그것을 알아차릴 수 있다. 또 우리는 관심이 있는 사람의 옷차림이나 장식품, 헤어스타일의 작은 변화도 금방 알아차릴 수 있지 않은가. 이처럼 관심이 있어야 그 대상의 특성이나 변화를 알 수 있고 궁금증도 갖게 되는 것이다. 사회과학은 사회현상을 다루는 학문이고, 사회는 나와 타인들이 함께 만들어 가는 삶의 공간이다. 따라서 사회에 대한 관심은 곧 타인들의 삶과 공동체에 대한 관심이다.

'사회현상'이라고 하면 추상적인 느낌이 들거나 나와 일정한 거리가 있는 대상으로 생각하기 쉽다. 하지만 내 주변의 이웃, 나와 같은 시대의 사람들, 나와 비슷한 연령대의 사람들, 부모, 친구 등 나와 관계된 사람들의 문제로 시선을 바꿔서 사회현상을 바라보면 전혀 다르게 받아들일 수 있다. 그리고 무엇보다 사회에서 발생한 문제들은 궁극적으로는 나의 문제이기도 하다.

이처럼 사회현상에 대한 관심은 사회 공동체에서 함께 살아가는 타인에 대한 관심인 동시에 나의 삶에 대한 관심이다. 따라서 어떤 사회현상이 발생했을 때 그것은 그 현상과 직접 관계가 있는 이들의 문제일 뿐만 아니라 바로 나 자신의 문제로 이해하려는 자세가 필요하다. 앞에서 언급한 대로, 글쓰기라는 것이 결국 자기 생각을 드러내는 것이므로 사회현상에 대한 이와 같은 관심은 생각의 깊이를 더해 줄 것이다. 따라서 평소 사회현상에 관심을 가지고 그와 관련된 자료나 정보를 찾아 읽는 습관을 들이면 사회과학 글쓰기에 큰 도움이 될 수 있다.

사회현상에 관심이 없었던 학생들이라면 글쓰기 과제로 무엇을 써야 할지 막막하게 느낄 수 있다. 이 때문에 보고서 과제가 부여된 그 시점에 일어난 사회현상에 눈길이 가다 보니 많은 학생들이 비슷한 제목과 주제로 글을 쓰게 된다. 이 경우 당시의 사회 분위기에 편승해서 글을 쓰기 쉽다. 사회 분위기에 따라 글을 쓰는 것을 나쁘다고 할 수는 없지만, 문제는 그 당시 언론이나 여론의 주된 논의에서 벗어난 글을 쓰기 어렵다는 것이다. 평소에 그 현상에 대한 자신의 생각이 분명치 않았기 때문이다.

한편 사회에서 발생하는 현상은 너무나도 다양하므로 그 원인에 대한 진단, 결과에 대한 해석이나 전망도 여러 측면에서 생각해 볼 수 있다. 그런 점에서 가족, 친구, 동아리 회원 등 주변 사람들과 함께 이야기를 나누는 것도 좋은 방법이다. 대화를 통해 다른 사람들의 생각을 아는 것은 생각의 폭을 넓히는 데 도움이 된다. 다른 사람의 생각과 의견을 통해서 보지 못했던 것이나 생각하지 못했던 것에 대해 생각할 수 있고, 그만큼 그 현상에 대한 깊이 있는 성찰이 가능해지기 때문이다.

최근에는 인터넷 공간을 통해 사회현상을 둘러싼 논의가 활발해지고 있어서 시공간의 제약 없이 의견을 나누기가 보다 쉬워졌다. 하지만 이런 논의는 대체로 다양성에 기초하여 합리적인 토론이 이루어지기보다 특정한 시각을 가지고 있는 이들끼리 자신들의 견해를 서로 강화하는 방식으로 이뤄지고 있다. 생각을 달리하는 사람들은 논의에 참여하는 것이 사실상 배제되는 경우가 많고, 익명성에 기초해서 극단적인 주장까지 내세우기도 한다. 그러나 사회현상을 하나의 시각으로 평가하는 것은 가능하지 않다.

사회현상에 대한 관심이 나와 타인이 함께 만들어 가는 공동의 삶에 대한 것이라면 타인의 입장에서 생각해 보는 자세는 더욱 중요하다. 사회는 다수의 사람들이 함께 만들어 가는 공간이므로 사회현상에 대한 이해의 출발점은 타인의 삶에 대한 공감이 될 것이기 때문이다. 사회과학 글쓰기를 잘하기 위해서는 이처럼 평소 사회적 문제에 관심을 가지고 관찰함으로써 타인의 삶에 대한 공감대를 넓히고, 다른 사람들과 소통하고 토론함으로써 생각의 폭을 넓히려는 노력이 필요하다.

2. 책 '제대로' 읽기

책을 읽어야 한다는 말은 너무나 많이 들어 와서 식상할 정도가 되었다. 그러나 책을 '제대로' 읽는 사람은 그리 많지 않다. 세상을 바라보는 생각은 저절로 생기지 않는다. 생각은 직접 또는 간접 경험을 통해서 만들어진다. 직접 경험은 시공간의 제약으로 일정한 한계가 있지만, 책을 통한 간접 경험의 대상과 범위는 무궁무진이다. 다음의 인용문은 세계적인 한 기업의 최고경영자가 '리더가 독서광이 되어야 하는 이유'를 제시한 글인데, 그 내용은 사회과학 글쓰기와 관련해서도 경청할 만하다.

통찰력은 결국 독서를 통한 사고력에서 나온다고 해

도 과언이 아닐 것입니다. 좋은 결정을 내리는 의사 결정자는 대체로 다독가(多讀家)입니다. 여러 분야의 책을 읽으면서 간접적인 경험의 폭을 넓혀 놓은 사람들이 좋은 결정을 내릴 수 있습니다. 독서는 관심의 영역을 확대하고 사고의 폭을 확장시켜 줍니다. 생각의 근육도 키워 줍니다. 판단력을 정교하게 만들어 줍니다. 온갖 복잡다단한 상황 속에서 그 책의 주인공들이 어떻게 그 환경에 대처하는지를 보면서 상상력의 힘을 기르게 됩니다. 그래서 세계적인 기업을 경영하는 사람들이 독서에 열중하는 모습을 자주 보게 됩니다.[1]

그러면 어떤 책을 읽어야 할까? 위에서 인용한 글에서 최고경영자는 다음과 같이 말한다.

어떤 사람들은 그런 세계적인 기업가들이 읽는 책의 목록을 구해서 그 책을 읽으려고 합니다. 그러나 이것은 잘못된 방식입니다. 자신의 관점이 중요한데, 이런 사람들은 다른 사람의 관점을 따라 하려는 것입니다. 단순한 모방은 합리적인 선택을 방해하는 요소입니다. 책을 읽는

1 권오현, 『초격차: 넘볼 수 없는 차이를 만드는 격』, 쌤앤파커스, 2018, 85-86쪽.

습관은 모방하되, 책의 종류는 본인이 선택해야 합니다.[2]

책을 선택할 때도 자신의 관점이 중요하다는 것이다. 하지만 학생들은 어떤 책이 도움이 되고 좋은 책인지 알기 어려울 수 있다. 이와 같이 읽어야 할 책을 선택하기 어려울 때 고려할 수 있는 방법 중 하나는 그 학문 분야에서 명저로 인정받는 저작들을 읽는 것이다. 고전은 오랜 세월 동안 후대의 평가를 받으면서 살아남은 책이라고 할 수 있다. 즉 시대와 공간이 다르더라도 저자의 문제의식과 주장에 대해 많은 이들에게 공감을 불러일으키는 책이다.

노벨상 수상자가 강연을 하면 강연장이 넘칠 정도로 많은 사람들이 강연을 듣기 위해 모여든다. 왜일까? 노벨상이라는 권위가 그 학문적 권위와 연구 성과의 중요성을 입증해 주었기 때문일 것이다. 이와 비교해 고전은 역사적 평가를 통해서 학술적 가치와 통찰력이 인정된 것들이다. 몇 천 년 혹은 몇 백 년 전의 저작이 오늘날까지 살아남아 많은 사람들에게 읽힌다면, 그것은 시대적 환경과 시간의 격차를 넘어서는 인간 사회에 대한 문제의식과 통찰력 있는 해법이 그 안에 녹아 있기 때문일 것이다. 고전의 저자들은 그 시대에

2 위의 책, 86쪽.

대한 자신들의 고민을 책 속에 담았겠지만, 여러분들은 그 책을 통해 우리 사회의 고민과 해결책을 떠올리게 될 것이다.

고전 중에는 그 명성 때문에 우리 귀에 익숙한 것들이 많다. 플라톤이나 아리스토텔레스의 저작은 말할 것도 없고, 애덤 스미스(Adam Smith)의 『국부론(An Inquiry into the Nature and Causes of the Wealth of Nations)』이나 토크빌의 『미국의 민주주의』도 자주 거론되는 저작이다.

이보다 최근 것으로는 앤서니 다운스(Anthony Downs)의 1957년 저작 『경제 이론으로 본 민주주의(An Economic Theory of Democracy)』도 있고, 2000년 출판된 로버트 퍼트넘(Robert Putnam)의 『나 홀로 볼링(Bowling Alone: The Collapse and Revival of American Community)』도 한번쯤 들어 봤을 것이다. 우리나라로 눈을 돌려 보면 유성룡(柳成龍)의 『징비록(懲毖錄)』, 『목민심서(牧民心書)』를 비롯한 정약용(丁若鏞)의 저작, 『조선왕조실록』 등도 그 시대의 사회적 삶의 모습을 잘 보여 주는 고전이다. 『논어(論語)』, 『사기(史記)』 등 동아시아에서 오랫동안 이어져 온 고전도 많이 있다.

고전 작품이 어렵거나 멀게 느껴진다면 비교적 최근 작품을 찾아 읽어도 좋고, 사회과학 서적이 딱딱하게 느껴진다면 소설을 읽어도 좋다. 문학 작품은 작가의 상상력으로 당대의 삶의 모습을 잘 그려내고 있기 때문이다. 김훈의 『남한산성』과 『칼의 노래』, 최인훈의 『광장』, 윤흥길의 『아홉 켤레의 구두로 남은 사내』, 조세희의 『난장이가 쏘아 올린 작은 공』, 이문열의 『우리들의 일그러진 영웅』, 황석영의 『오래된 정원』 등은 그 시대의 삶의 모습을 생생하게 그려낸 뛰어난 작품이다.

대학교에서 학생들을 가르치면서 알게 된 놀라운 사실 가운데 하나는 고등학교 시절에 다 읽었을 법한 소설이나 고전 작품을 제대로 읽은 학생들이 생각보다 많지 않다는 것이다. 고전 작품을 직접 읽기보다는 입시 준비를 위해 요약된 내용을 접한 경우가 훨씬 많은 것 같았다. 그러다 보니 고전 작품은 입시용 지식의 대상이었을 뿐 그 책을 직접 읽으면서 생각하고 느끼는 경험을 하지 못한 학생들이 많았다. 스스로 책을 읽는 것과 간략히 정리된 내용으로 접하는 것은 전혀 다른 경험이다. 따라서 시간을 내어 직접 책을 읽어 보기를 권한다.

그러나 상이한 시대적 조건과 공간적 환경에서 쓰인 저술을 고전이라고 해서 무턱대고 읽는다면 따분하기만 할 것이다. 특히 아무런 문제의식이나 궁금증이 없는 상황에서 오래전에 쉽지 않은 문체로 쓰인 고전 저작을 읽는 것은 고문에 가까운 일이 될 수도 있다. 따라서 스스로 분명한 문제의식을 가지고 고전을 접하는 것이 필요하다. 혼자 읽는 것이 어렵다면 고전을 강독하는 모임이나 수업을 활용하는 방법도 있다.

고전이라고 해서 완벽하다고 볼 수는 없다. 불경, 코란, 성경처럼 무조건 믿고 따라야 하는 것도 아니다. 따라서 단지 배우겠다는 자세로 읽기보다는 문제의식을 가지고 비판적으로 읽으려는 자세가 필요하다. 고전 저작에 담긴 저자의 시대적 고민과 문제의식을 찾아보고, 그들이 제시한 해결책과 변화의 방향을 오늘날 우리가 서 있는 자리에서 생각해 보고 평가해 보라는 것이다.

사회과학 각 분야에는 너무나도 많은 고전들이 존재해서 무엇을 읽어야 할지 고민이 되는 것도 사실이다. 그럴 때는 교수들의 평가를 참고하는 것도 한 방법이다. 서울대학교 사회과학연구원에서는 그동안 '사회과학 명저 재발견' 시리즈로 네 권의 책을 출간했다.[3] 이 시리즈는 서울대학교 사회과학대학 교수들이 해당 분야에서 학문적으로 '명저'라고 불릴 만한 고전 작품을 선정해 그 책의 주요 내용과 저작 당시의 배경, 저자의 학문 활동 등을 설명하고 그 저작의 학술적 의미를 평가한 글을 엮은 것이다. 비교적 오늘날과 가까운 시기에 쓰인 책들이 주로 소개되었는데, 그 저작 목록을 소개하면 다음과 같다.

3 서울대학교 사회과학연구원 기획, 『사회과학 명저 재발견』 1-4, 서울대학교출판문화원, 2009-2013.

제1권

도넬라 메도우즈 외, 『성장의 한계』

다니엘 카네만 외, 『불확실한 상황에서의 판단』

막스 베버, 『경제와 사회』

클리포드 기어츠, 『문화의 해석』

알프레드 챈들러, 『보이는 손: 미국기업의 경영혁명』

로렌스 레식, 『아이디어의 미래』

리처드 티트머스, 『이타적 선물 주기: 혈연에서 사회정책으로』

미셸 푸코, 『감시와 처벌』

존 롤스, 『정치적 자유주의』

제2권

에밀 뒤르켐, 『자살론』

월터 리프먼, 『여론』

요제프 슘페터, 『자본주의, 사회주의, 민주주의』

칼 폴라니, 『거대한 변환』

에이브러햄 매슬로, 『동기와 성격』

배링턴 무어, 『독재와 민주주의의 사회적 기원』

프랜시스 피벤 · 리처드 클로워드, 『빈민 통제: 공공 복지의 기능』

위르겐 하버마스, 『후기 자본주의 정당성 위기』

라인하르트 벤딕스, 『왕이냐, 인민이냐: 권력과 지배의 정당성』

앨런 매카크렌, 『지도의 이해』

맨서 올슨, 『권력과 번영』

제3권

라인홀드 니버, 『도덕적 인간과 비도덕적 사회』

존 메이나드 케인스, 『고용, 이자 및 화폐에 관한 일반 이론』

프레드 시버트 · 테오도어 피터슨 · 윌버 슈람, 『언론의 4이론』

밀턴 프리드먼 · 안나 슈워츠, 『대공황, 1929-1933』

해리 할로, 『사랑의 학습』

아서 오쿤, 『평등과 효율, 그 상충적 관계』

피에르 부르디외, 『구별짓기』

발터 벤야민, 『아케이드 프로젝트』

데이비드 하비, 『자본의 한계』

밥 제솝, 『국가 이론: 자본주의 국가 제자리 놓기』

제4권

로버트 길핀, 『미국의 권력과 다국적 기업: 해외직접투자의 정치경제』

리처드 넬슨 · 시드니 윈터, 『진화경제학』

엘리너 오스트롬, 『공유의 비극을 넘어: 공유자원 관리를 위한 제도의 진화』

요스타 에스핑-안데르센, 『복지자본주의의 세 가지 세계』

스티븐 핀커, 『마음은 어떻게 작동하는가?』

해리슨 화이트, 『아이덴티티와 컨트롤: 사회적 행위의 구조적 이론』

브로니슬라브 말리노브스키, 『서태평양의 항해자』

한 가지 덧붙일 점은 책을 많이 읽는 것은 좋은 일이지만, 다독(多讀)이 언제나 유용한 것은 아니라는 것이다. 책 내용을 제대로 소화하지 못하면서 무작정 많이 읽는 것은 바람직하지 않다. 또 많은 글을 읽고 인용하기보다 무엇을 읽든 자신만의 생각을 가지는 것이 더 중요하다.

또 보고서에 지나치게 많은 참고문헌이 포함된 경우를 종종 볼 수 있다. 참고문헌의 양이 보고서에 들어간 노력과 정성을 증명해 줄 것이라고 생각하는 학생들이 있을지도 모르겠다. 그러나 지나치게 많은 문헌 자료를 활용하다 보면 자신의 생각과 논리를 압축시키기보다는 기존 문헌의 내용을 정리하는 데 그치는 경우가 많다. 다시 말해 책을 읽고 그 내용을 다 소화해서 정리한 것이라기보다 내용의 일부를 이어 붙인 것 같은 글이 된다. 그리고 글쓴이 자신의 생각과 판단을 중심으로 써 나가야 할 글쓰기에서 다른 저자의 글을 너무 많이 인용하는 것도 바람직하지 않다. 이런 식의 글쓰기는 하나의 주장으로 글이 모이는 느낌보다 산만하고 체계가 없어 보이기 쉽다.

평소에는 관심이 가는 책을 읽으면 되겠지만, 보고서를 써야 한다면 그 주제에 맞는 자료를 선택하여 읽을 필요가 있다. 하지만 주제와 관련된 자료를 아무리 많이 찾았다 하더라도 글을 쓰는 사람의 문제의식이 분명하지 않다면 그 모든 자료는 사실상 무용지물이다. 자료가 바로 글이 되는 것은 아니기 때문이다. 글은 생각이 만들어 내는 것이다.

3. 종이 신문 읽기

사회과학의 연구 대상은 사회와 그 안에서 살아가는 인간들의 사회적 혹은 정치적 활동이다. 앞에서 언급한 것처럼, 대상에 대한 관심은 연구의 기본이다. 사회과학을 공부하는 학생이라면 사회가 어떻게 돌아가는지 알아야 한다. 이런 까닭에서 나는 학기초마다 학생들에게 '종이 신문 읽기'를 권한다. 오늘날 우리 사회가 어떻게 돌아가는지, 사회·정치적 활동에 영향을 미치는 주위 환경은 어떤 특성을 지니고 있는지, 또한 우리의 삶과 관련된 중요한 의사결정이 어떻게 이루어지는지, 시대적 흐름이 어떻게 변화해 가는지를 모른다면 사회현상에 대한 의미 있는 논의를 수행하기는 어렵다.

최근 들어 종이 신문 구독자가 예전에 비해 크게 줄어들었다. 여러 가지 이유가 있겠지만 인터넷의 발전이 신문 구독자 감소의 중요한 원인의 하나로 꼽힌다. 어떤 이유에서인지 인터넷의 등장으로 인한 신문 구독자 감소는 일본이나 영국 등 외국과 비교할 때 우리나라에서 훨씬 빠른 추세이다. 실제로 사회과학을 전공하는 학생들도 신문을 잘 읽지 않는 것 같다.

요즘은 종이 신문보다는 인터넷을 통해 신문사 웹 사이트에 들어가서 기사를 보거나 네이버, 다음 등 포털 사이트에 올려진 기사를 검색하는 것이 더 일반적이다. 이렇게 하더라도 사회적으로 부각된 이슈에 대한 정보를 얻는 데는 불편함이 없다. 더욱이 스스로 찾으려고 노력하지 않더라도 페이스북, 인스타그램, 트위터 같은 SNS를 통해 뉴스를 신속하게 접할 수 있다.

이런 방식의 정보 획득은 일상적인 수준에서 사회적으로 중요한 사건이나 흥미와 관심의 대상이 되는 사건에 대한 정보를 접하는 데는 큰 문제가 없겠지만, 이는 흥미 위주의 단편적인 정보에 의존하게 만든다. 따라서 이런 정보 획득 방식으로는 우리가 속해 있는 사회가 어떻게 돌아가고 있는지에 대한 전체적인 그림을 그릴 수가 없다. 정보의 편식을 초래하여 눈길을 끌거나 개인적으로 관심이 있는 정보에만 접근하게 되는 것이다.

하지만 종이 신문으로는 1면 머리기사부터 마지막 면의 오피니언까지 대부분의 기사를 살펴보게 된다. 단편적인 특정 사건에 대한 기사가 아니라 그날의 세계를 종합적으로 살펴보는 것이다.

신문은 그날에 일어난 세상사를 종합적으로 보여 준다. 정치, 경제, 사회, 문화, 스포츠 등 우리 사회의 다양한 영역뿐 아니라 국제 사회에서 발생한 사건이나 주요 현상에 대해서도 소개해 준다. 세계화로 얽혀 있는 오늘날 우리 사회의 문제를 우리 내부의 노력만으로 해결하기 어려워졌다는 점에서 어제, 오늘 일어난 세상의 주요 사건과 현상을 종합적으로 살펴보는 일은 중요하다. 신문 기자는 하루하루의 사건을 쫓아다니지만 그 결과로 제작된 신문은 사회현상에 대한 매일매일의 기록이며, 그 기록은 결국 시대적 흐름에 대한 기록이자 궁극적으로는 역사에 대한 기록이 될 수 있다.

더욱이 신문은 까다로운 선발 및 훈련 과정을 거친 기자들이 오랜 기간 현장을 지켜보며 그날의 주요한 사회현상을 설명하고 그 원인을 분석해 대안을 제시한다는 점에서 강점을 갖는다. 신문사 안팎의 전문가가 바라보는 우리 사회의 문제점에 대해 진단하는 글이 실리는 '오피니언'난 역시 학생들이 사회현상을 이해하고 평가하는 데 도움을 줄 수 있다.

이와 같이 신문을 읽으면 무엇보다 세상의 흐름을 읽어 내는 데 도움이 된다. 교과서에서 제공해 줄 수 없는 역동적인 사회적 흐름과 시대적 변화를 신문 읽기를 통해 파악할 수 있다. 처음에는 그 차이가 두드러지지 않더라도 신문을 꾸준히 읽어 온 학생과 그렇지 않은 학생들 간에는 세상을 바라보는 시각의 범위나 깊이에서 상당한 차이를 보일 수밖에 없다.

최근에는 TV, 유튜브 등 영상 매체를 통한 정보 획득이 보다 일반화된 것 같다. 그러나 영상 매체는 감각적이고 정서적인 특성이 상대적으로 강하고, 시간 제약으로 신문에 비해서 상세한 보도나 깊이 있는 해석이 어렵다. 다큐멘터리식 심층 보도가 이런 한계를 극복하는 방법일 수 있지만, 이 역시 특정 주제를 다루는 것이기 때문에 그날그날의 세상사를 종합적으로 보여 주는 것은 아니다.

최근 한국 사회에서 이념적인 다양성이 부각되면서 각 신문사의 논조 역시 신문사별로 상이한 이념을 대표하고 있다. 언론을 통한 이념 갈등의 확산이라는 비판도 존재하지만, 이런 다양성은 민주주의 사회의 기본이다. 신문의 논조가 이념적으로 상이한 경우에는 동일한 사건이나 현상이라고 하더라도 그것을 바라보고 해석하는 입장은 매우 다를 수 있다. 따라서 보다 균형 잡힌 의견을 형성하기 위해서 서로 다른 논조를 가진 두 개 이상의 신문을 읽도록 권한다. 보수 혹은 진보 성향의 한 신문만 읽다 보면 전체를 보는 균형 있는 시각을 가지기 어려울 뿐 아니라, 스스로 생각을 정립하는 데 특정한 논조의 영향을 받을 수도 있기 때문이다.

사회과학 수업의 보고서 과제로는 수업 시간에 배운 내용을 현실에 적용해 볼 수 있는 주제가 제시되는 경우가 많다. 즉 "한국 대통령은 '제왕적 대통령'이라고 할 수 있는가?" "미투(me too) 운동의 사회적 요인은 무엇인가?" "운동선수의 군 면제 혜택은 필요한가?" 등 사회적 관심사에 대한 글쓰기를 요구할 수 있다. 이 경우 여론이나 언론의 논조에 휘말리지 않으면서 자신의 견해를 논리적으로 제시하기 위해서는 평소 이와 유사한 사안에 대해 생각해 본 경험이 중요하다. 또한 한국 사회의 흐름과 변화에 대한 이해가 바탕이 되어야 제대로 쓸 수 있다.

시의성 있는 주제로 글쓰기 과제물을 제출하도록 하는 것은 학생들이 수업을 통해 배우고 고민한 내용을 바탕으로 우리 사회의 문제를 자신만의 관점으로 바라볼 수 있는지 평가하기 위함이다. 다시 말해, 강의실에서 배운 원리와 이론이 내가 살고 있는 이 현실을 어떻게 설명하고 해석해 낼 수 있는지 고민해 보라는 것이다. 내 경험으로 보건대, 꾸준히 신문을 읽고 사회적 사안에 지속적으로 관심을 보여 온 학생의 글과 그렇지 않은 학생의 글 사이에는 상당한 차이가 있었다. 길지 않은 시간을 투자해서 사회현상과 시대적 흐름에 대한 인식을 높이는 효과적인 방법이 종이 신문을 읽는 것이다.

4. 학교 수업 적극 활용하기

대학에서 수업은 대개 해당 과목과 관련된 중요한 기존 연구 성과와 지식체계를 바탕으로 진행된다. 교수의 전공 분야나 연구 경향에 따라 주관적인 판단이 일부 반영되기도 하지만, 전반적으로는 해당 과목과 관련된 다양한 주제를 망라하고, 관련된 주요 이론과 그에 대한 이견이나 반론까지 모두 다룬다. 더욱이 주요 논문이나 저작을 학생들이 직접 읽도록 하는 경우가 많기 때문에 해당 분야의 지식과 연구 경향, 반론 등을 가장 쉽게 접할 수 있는 길이 된다.

강의 계획서에는 수업 내용과 직접 관련된 참고문헌뿐 아니라, 추가로 읽으면 좋은 논문이나 저작을 함께 소개하는 경우가 많아서 이를 참고하면 학생 스스로 관심 있는 분야에 대해서 보다 진전된 연구를 하는 데 도움이 된다. 성적 때문이 아니더라도 강의 계획서에 제시된 자료를 미리 읽고 자신의 생각을 정리해 보는 것은 수업을 보다 효과적으로 활용하는 데 도움이 될 것이다.

수업 시간은 교수가 학생들에게 지식을 일방적으로 전달하는 것이 아니라 학생들의 참여를 통해 함께 만들어 나가는 시간이다. 그런 점에서 강의 내용을 필기하는 것에서 더 나아가 수업을 적극 활용하는 것이 필요하다. 비슷한 내용의 강의를 하더라도 강의실 분위기는 매번 다른데, 그런 차이를 만들어 내는 것은 수강생들의 참여와 소통이기 때문이다.

그런데 우리나라 학생들의 수업 태도는 여전히 소극적인 면이 있다. “왜 그러한가?” “반드시 그런가?” “우리 현실에도 적용할 수 있을까?” “특정 사례는 어떻게 설명될 수 있는가?” 등의 궁금증이 생기더라도 수업 시간에 그에 대해 질문하기보다는 그냥 넘어가는 경우가 더 많은 것 같다. 그 대신 수업이 끝난 뒤 따로 찾아와서 묻거나 이메일을 통해 궁금했던 부분에 대해 묻곤 한다. 그런 궁금증을 수업 시간에 제기한다면 수업을 듣는 다른 학생들과 그에 대한 논의를 공유할 수 있고, 추가 질문을 통해 보다 진전된 논의가 이뤄질 수 있을 것이다.

어떤 질문이라도 좋으니 편하게 질문하라고 해도, ‘멍청한 질문’이 아닐까 하는 생각 때문에 주저하게 된다는 말을 자주 듣는다. 그러나 ‘멍청한 질문’은 없다. 천동설이 ‘확립된 지식’이었을 때, 혹시 지구가 돌 수도 있지 않느냐는 질문은 멍청하기 짝이 없는 것처럼 생각되었을 수 있다. 그러나 그 ‘멍청한 질문’은 세상을 바꿔놓은 질문이었다. 궁금하면 언제든 손을 들고 질문하고, 다른 의견이 있다면 자신의 생각을 밝힐 수 있어야 한다.

5. 자료 활용법 익히기

요리를 하기 위해서는 재료가 필요하며, 맛을 잘 내기 위해서는 만드는 이의 솜씨도 중요하지만 무엇보다 재료가 좋아야 한다. 이때 재료는 요리에 잘 맞고 신선한 것이라야 한다. 글쓰기 역시 좋은 재료를 필요로 한다. 글의 목적에 따라서는 특정 자료가 필요한 경우도 있다.

정보화의 진전으로 자료를 찾고 모으는 것은 예전에 비해서 매우 쉬운 일이 되었다. 예컨대, 오래된 신문 뭉치를 꺼내 들고 일일이 읽거나, 마이크로필름을 판독기에 걸어 놓고 관련 기사를 하나하나 찾아야 했던 시절에 비하면 지금은 키워드 검색으로 관련 기사 목록을 쉽게 얻을 수 있다. 또 도서관에 가서 학술지를 찾아 복사하는 번거로움 없이 몇 번의 클릭으로 원하는 논문을 얻을 수 있다. 가히 혁명적이라고 할 만한 변화이다.

그런데 생각보다 많은 학생들이 모은 자료를 '충분히' 활용하지 못하는 것 같다. 이는 연구하려고 하는 대상이나 주제, 연구 목적, 구체적인 연구 질문이 명확하게 준비되지 않은 상황에서 자료 수집이 이뤄졌기 때문이다. 또 다른 이유는 어느 한 방향으로 결론을 몰고 가기 위해서 필요한 자료만을 고르다 보니 다양한 관점의 자료가 충분히 활용되지 않았기 때문이다.

한번은 수업 시간에 팀 프로젝트로 보고서를 제출하도록 했는데, 많은 자료를 모아서 보고서 뒤에 부록 형태로 제출한 팀이 있었다. 문제는 그 자료가 정작 본문에는 별로 반영되지 않았다는 사실이다. 첨부된 자료는 열심히 했다는 것을 보여 주기 위함이었겠지만, 자료는 글쓰기를 위해서 필요한 것이며 보고서에 반영될 때 가치가 있는 것이다.

인터넷 세상이 되면서 무수히 많은 자료를 손쉽게 찾아볼 수 있게 되었지만, 정작 쓰고자 하는 글에 꼭 필요한 자료를 찾는 것은 생각보다 쉽지 않다. 인터넷으로 인해 자료 접근성이 높아지면서 학생들이 활용하는 자료는 비슷한 몇몇 자료에 국한되는 경향도 보인다. 인터넷에서 쉽게 찾을 수 있는 것을 선택하거나, 구체적인 생각 없이 자료만 수집한 탓이다. 다시 말해, '자료를 자기 것으로 만드는 방법'은 잘 알지 못하기 때문이다.

자료를 제대로 활용하는 법을 익히는 것도 좋은 글을 쓰기 위해서 필요하다. 중앙도서관에서 학생들의 자료 활용을 돕기 위해 실시하는 데이터베이스 이용 교육이나 각 학과에 개설된 방법론 수업을 수강하는 것도 자료 활용을 위한 효과적인 방법이다.

그러나 무엇보다도 글의 주제가 정해지고 자신이 제시하려고 하는 주장과 글의 전개에 대한 계획이 마련되어야 자료 수집을 제대로 할 수가 있다. 생각이 정리되어 있지 않아서 이 주제, 저 주제에 대해 자료를 모으다 보면 오히려 그 많은 자료들이 글쓰기를 방해하기도 한다. 자기가 쓰고자 하는 글의 구성을 명확히 해 두어야 자료를 보다 효율적으로 활용할 수 있다. 즉 자료를 제대로 찾고 활용하기 위해서는 주제와 문제의식이 분명해야 한다는 것이다. 자료가 글쓴이의 주장을 대신할 수는 없다.

반복해서 강조하지만 중요한 것은 자료 자체가 아니라 '글쓴이의 시각과 주장'이며, 자료는 내세우고자 하는 주장을 보다 효과적으로 만드는 재료와 도구일 뿐이다. 이 때문에 자료를 '잘 찾기'보다 '잘 활용하기'가 중요하다. 글을 통해서 내세우려는 자신의 시각과 주장이 분명해진 이후에야 자료는 의미를 갖게 된다.

✎ 무엇을 어떻게 찾을지 명확히 하기

연구 주제가 분명해졌다면 '무엇을', '어떻게' 찾을지 명확히 해야 한다. 문헌 자료에는 단행본, 학술 기관에서 발행하는 논문집, 연구 기관의 보고서 등이 있다. 신문이나 주간지, 월간지 같은 언론사 출판물에서 자료를 찾을 수도 있다. 통계 자료의 형태일 수도 있고, 인터뷰 내용을 녹취한 자료일 수도 있다. 각 자료마다 담고 있는 정보의 특성은 조금씩 다르다. 예컨대, 논문이라면 특정 사회현상에 대한 단면적 분석일 수 있고, 단행본은 논문보다 '긴 호흡으로' 해당 주제에 대

자료의 종류와 수집 방법

1. 자료의 종류

- **1차 자료(primary data)** 가공되지 않은 원래 자료 형태로 존재하거나, 연구자가 직접 수집한 자료를 말한다. 연구자가 자료를 직접 수집하려면 많은 시간과 노력, 비용이 들어간다. 따라서 2차 자료를 통해 관련 분야의 1차 자료가 있는지 확인한 후에 자료를 직접 수집할지 판단하는 것이 좋다. 자료를 직접 수집하는 방법으로 자주 활용되는 것에는 문헌 연구, 설문 조사, 참여관찰, 인터뷰 등이 있다. 어떤 방법을 사용하더라도 연구자의 주관이 지나치게 개입되지 않고 자료 수집의 객관성을 높일 수 있도록 해야 한다. 이와 관련해 사회과학 방법론을 익혀 두면 도움이 될 것이다.

- **2차 자료(secondary data)** 다른 사람에 의해 수집되어 해석된 자료를 말한다. 2차 자료에는 학술 연구를 위한 자료부터 각종 조사 기관, 언론사, 정부 기관, 기업체 등 다양한 소스가 존재한다. 예컨대, 미국 국무성의 과거 한국 관련 자료를 찾아서 그 당시의 한미 관계를 연구한 결과물이 바로 2차 자료라 할 수 있다. 학부 수준에서는 1차 자료보다 2차 자료의 도움을 받는 경우가 많다. 이 경우에도 2차 자료에서 제시하는 해석에 지나치게 의존하지 않도록 유의해야 한다.

2. 자료를 직접 수집하는 방법

- **문헌 연구(literature/reference research)** 다루려는 대상과 관련한 기존 자료를 활용하는 방법이다. 통계 자료, 역사적 문헌, 과거 기록 자료 등을 활용할 수 있다. 『조선왕조실록』을 통해 조선 사회를 연구하는 경우가 이에 해당한다.

- **설문조사(survey)** 조사할 모집단을 선정하고, 해당 모집단의 응답을 바탕으로 자료를 구성하는 것으로, 사회조사에서 많이 사용하는 방법이다. 조사 대상, 표본 추출 방법, 조사 방법 등을 사전에 계획하여 실시한다.

- **참여관찰(participatory observation)** 특정한 행사나 사건, 활동에 직접 '참여'하여 일정한 역할을 수행하면서 정보를 수집하는 방법이다. 관찰자의 관찰을 통해 자료를 수집하는 이 방법은 주관적인 해석이 들어갈 여지가 크기 때문에, 사전에 목적과 판단 및 평가 기준을 비롯해 일정한 틀을 세우는 과정이 매우 중요하다.

- **인터뷰(interview)** 대상이 되거나 관련이 있는 인물과의 대화를 통해 정보를 직접 얻는 방법이다. 보다 깊이 있는 의견을 들을 수 있다는 장점이 있으나, 주관적인 내용이 개입될 여지가 있다. 따라서 인터뷰를 진행하기 전에 인터뷰 계획과 함께 예비 질문지 같은 일정한 양식을 마련하는 것이 좋다.

한 논의를 전개한 것이기 쉽다. 연구 기관의 보고서라면 관련 주제에 대한 현황, 통계, 문제점 등을 파악하는 데 도움을 줄 수 있다.

기존 연구 동향이 궁금하다면 자주 인용되거나 관련된 최근 논문을 찾아 읽으면서 관심이 있는 분야로 주제를 좁혀 나가는 것이 좋다. 최근에 발표된 논문일수록 그 주제에 대한 보다 최신의 연구 동향을 정리해 두었을 가능성이 크고, 참고문헌에서도 최근까지의 주요 연구 결과를 확인할 수 있다. 이처럼 자료에 따라 그 자료가 제공해 줄 수 있는 정보는 달라진다.

원하는 자료가 없다면 설문조사나 인터뷰, 관찰 등의 현장 조사를 통해 자료를 직접 수집할 수도 있다. 어떤 자료가 어떤 형태로 존재하는지 알게 되면 자료를 찾는 과정이 보다 쉽게 느껴질 것이다.

✎ 자료 정리 및 활용하기

자료를 찾아 두었더라도 제대로 정리해 놓지 않으면 충분히 활용하기 어렵다. 그때그때 자료를 정리해 두지 않으면 십중팔구 다시 노력을 들여 찾게 된다. 따라서 자료를 잘 정리해 두면 불필요한 수고를 줄일 수 있다. 최근에는 디지털 자료가 많은 만큼 컴퓨터에 관심 주제 영역별로 폴더를 만들어 관련 자료를 저장해 두는 것도 한 방법이다.

자료를 활용할 때는 출처를 명확하게 밝히는 것이 중요하다. 최근 들어 표절 등의 문제가 불거지고 있는데, 보고서에 다른 연구자의 생각과 글을 인용하면서 그 출처를 밝히지 않는 것은 학문 윤리상 큰 문제가 된다. 학생들 중에는 인용 방법을 몰라 이를 어려워하는 이들도 있다. 각주나 미주, 참고문헌을 정리하는 방법은 몇 가지로 표준화되어 있으므로 정확한 인용법을 반드시 익혀 두자.[4]

모은 자료를 분석에 이용하려고 하니 마땅치 않은 내용이 많거나, 어떻게 활용해야 할지 몰라서 보고서 뒤에 부록 형식으로 첨부하는 경우를 종종 볼 수 있다. 또 애써서 모은 자료와 그것을 바탕으로 작성한 보고서 내용은 그것이 전체의 주장과 무관한 사족 같은 것일지라도 좀처럼 보고서에서 빼려고 하지 않는 경우도 있다. 예컨대, 두세 문단만 빠지면 전체적인 글의 흐름이 훨씬 좋아지는 데도 "어떻게 자료를 모아서 이 글을 쓴 것인데…" 하는 안타까움이 앞서는 것이다. 그러나 수집한 자료는 필요한 만큼만 활용되어야 하고, 글의 주장이나 논리적 전개라는 측면에서 불필요한 내용을 과감하게 제거하는 것은 글의 완성도를 높이기 위해서 필요

4 대표적인 참고문헌 인용 방법에는 APA Style, MLA Style, Chicago Style 등이 있다(http://libguide.snu.ac.kr/citation 참조).

한 일이다. 앞에서 말한 대로, 자료가 글이 되는 것이 아니며 자료는 재료일 뿐이기 때문이다.

맺음말

사회과학은 거대한 질문에 대한 퍼즐 맞추기와도 같다. 복잡다기한 사회현상의 원인을 규명해 내는 작업이기 때문이다. 따라서 '해 아래 새로운' 해답을 찾아내기보다는 기존 지식을 비판하거나 새로움을 더하는 방식으로 사회과학의 학술적 가치는 축적되어 간다. 이 때문에 사회과학 글쓰기를 위해서는 우선 기존 지식에 질문을 던지고 이를 비판적으로 평가해 보는 태도가 필요하다. 비판을 위해서는 사회현상을 바라보는 자신만의 시각이 있어야 한다. 그런 시각에 기초하여 무엇을 읽을지 잘 선택해서 비판적으로 읽기를 권한다.

세상 모든 일이 그렇듯이 좋은 글쓰기도 대상에 대한 애정과 관심이 있어야 가능하다. 사회과학 글쓰기는 사회현상을 대상으로 한다. 그런 만큼 우선적으로 연구 대상이 되는 사회현상, 공동체, 타인의 삶에 대한 애정과 관심이 있어야 한다. 다시 말해 사회과학 글쓰기는 나를 포함한 공동체에 대한 관심, 다른 사람들의 삶에 대한 관심에서 비롯되는 것이다. 평소에 사회현상에 관심을 가지고 자신의 생각을 써 보는 습관을 기르는 것은 사회과학 글쓰기에 큰 도움이 된다.

글쓰기는 본질적으로 소통의 수단이다. 정보화 시대에 타인과의 소통은 매우 중요한 일상이 되었다. 글쓰기는 사회현상에 대한 자신의 시각과 관점을 다른 사람에게 알리는 소통의 방식이다. 소통이 잘되기 위해서는 생각과 마음이 있는 그대로 분명하게 전달되어야 한다. 사회과학 글쓰기 역시 마찬가지이다. 사회현상을 바라보는 글쓴이의 마음이 진정성 있게 담긴 글이 공감을 이끌어낼 수 있다.

사회는 다수의 사람들이 함께 만들어 가는 공간이므로 타인의 삶에 대한 공감이 사회현상을 이해하는 출발점이 된다. 사회과학 글쓰기에는 사회적 문제에 관심을 가지고 관찰함으로써 타인의 삶에 대한 이해와 공감대를 넓히고, 다른 사람들과의 소통을 통해 생각의 폭을 넓히려는 노력이 필요하다.

지금까지 사회과학 글쓰기의 본질로 돌아가, 다른 시각에서 글을 쓰는 방법부터 전략적인 글쓰기를 위한 훈련 방법, 그리고 글쓰기가 쉬워지는 습관 만들기까지 살펴보았다. 그러나 무엇보다 글쓰기의 가장 중요한 조건은 즐거움이 아닐까 한다. 사람에게 감동을 주는 노래는 부르는 사람이 스스로 즐기면서 부르는 노래인 것처럼, 글을 쓰는 사람이 그것을 즐길 때 좋은 글이 만들어지는 것이다.